T0150488

Liebe Schülerin, lieber Schüler,

in diesem Wörterbuch findest du 2028 Wörter in der deutschen Sprache. In großen Wörterbüchern für Erwachsene gibt es ungefähr 200.000. Da sind dann aber auch Wörter wie „Rockenbolle" dabei, die man nicht so oft benutzt. Das ist übrigens eine Zwiebelart.

Wie viele Wörter braucht man eigentlich? Man kann sich im Alltag mit 400 bis 500 Wörtern unterhalten.

Mit etwa 1400 Wörtern kann man Texte lesen.

Dieses erste Wörterbuch hilft dir dabei, in die neue Sprache zu starten und viel Freude daran zu haben.

Wir haben uns überlegt, dass dafür zwei Dinge wichtig sind: Du sollst das Wörterbuch selbstständig benutzen können, und es soll dir Spaß machen, darin zu blättern.

Spaß machen Wörterbücher, wenn sie viele interessante und lustige Bilder haben, die das Verstehen unterstützen. Das haben uns Schülerinnen und Schüler in deinem Alter gesagt. Bilder helfen dabei, sich das Wort zu merken. Man denkt an das Bild und erinnert sich an das Wort.

Wir haben Wörter ausgesucht, die für Kinder in deinem Alter wichtig sind. Dafür stellen wir zwei Kinder, ihre Familien und Freunde in den Mittelpunkt.

Damit du das Wörterbuch selbstständig nutzen kannst, haben wir alle Wörter in eine alphabetische Reihenfolge gebracht. An den Seiten hilft dir das Daumenregister.

Auf den Seiten 196 bis 233 findest du Bildseiten zu bestimmten Themen. Auch hier haben wir überlegt, welche Themen für dich wichtig sind.

Es ist hilfreich, wenn man ein neues Wort nicht nur lesen kann, sondern es auch hört.

Dabei hilft dir der BOOKii Hörstift, denn er macht die Wörter hörbar. Tipp mit ihm die Bilder und die Schrift an, dann hörst du die Wörter und Sätze auf Deutsch.

Probiere es am besten selbst aus, indem du mit jemandem in der Sprache sprichst. Zur Unterstützung gibt es auf den Themenseiten Spiele für den BOOKii Hörstift. Hier kannst du die Sprache anwenden. Tipp einfach dort auf die Symbole am unteren Bildrand und schon geht's los:

⏵ Spielstart

ⓘ Spielanleitung

⏹ Spielende

Du wirst staunen, wie viele Wörter du schon kennst, wenn du sie im Wörterbuch gehört und selbst gesprochen hast. Wir wünschen dir viel Spaß mit dem Langenscheidt Grundschulwörterbuch Deutsch!

INHALTSVERZEICHNIS

A

ab

Stell bitte das Radio ab.
(aus)

Ab morgen fahre ich
mit dem Fahrrad.
(von morgen an)

An der Jacke ist ein
Knopf ab. *(weg)*

die Abbildung

Die Abbildung
zeigt eine Blume.

der Abend

Am Abend scheint
der Mond.

das Abendessen

Zum Abendessen trifft
sich die ganze Familie.

abends

Ich muss abends um
acht Uhr zu Hause sein.

das Abenteuer

Die Nachtwanderung
war ein tolles
Abenteuer. *(Erlebnis)*

aber

Ich mag keine Bohnen,
aber ich mag Erbsen.

abmachen

Ich habe mit ihr
abgemacht, dass
wir uns um drei
Uhr treffen.

der Abschied

Zum Abschied haben
wir ein Lied gesungen.

abschließen

Herr Müller schließt
die Tür ab.

8

acht

18

achtzehn

80
achtzig

addieren
Wenn ich 12 + 8 addiere, erhalte ich 20.

die Adresse
Ist das deine Adresse?

der Advent
Die Zeit vor Weihnachten wird Advent genannt.

der Affe
Der Affe macht einen Purzelbaum.

ähnlich
Mein Bruder und ich sehen uns ähnlich. *(gleichartig sein)*

das Album
In diesem Album sind meine Babyfotos. Ich habe drei Alben.

alle
Alle Katzen schlafen.

allein
Ich bin heute allein zu Hause.

alles
Tante Lilly kauft alles für unser Picknick.

als
Sam läuft schneller als Ben.

Mama hat sich gefreut, als ich ihr Blumen gepflückt habe.

alt
Das ist ein altes Auto.

A

am

Zum Frühstück sitzen wir am Küchentisch.
Am Sonntag gehen wir ins Kino.
Ich esse am liebsten Pizza.

die Ameise

Die winzige schwarze Ameise trägt ein großes grünes Blatt.

die Ampel

Die Ampel zeigt Rot.

an

Mach bitte den Computer an.
Das Wort steht an der Tafel.

die Ananas

Was kostet eine Ananas?

ändern

Du musst die Richtung ändern.

anders

Diese Orange ist anders als die erste.

der Anfang

Am Anfang des Unterrichts stehen wir alle auf.

anfangen

Das geht zu schnell. Ich habe noch gar nicht angefangen!
Darf ich anfangen?

anfassen

Bei dem Spiel müssen sich alle anfassen.

die Angel

Karl hat einen alten Schuh an der Angel.

die Angst

Die Maus hat keine Angst vor der Katze.

ängstlich

Meine kleine Schwester ist noch ein bisschen ängstlich, wenn sie allein ist.

anhaben

Ich habe heute meine Lieblingshose an.

anhalten

Der Polizist hält das Auto an.

anmachen

Mach bitte den Computer an.

anprobieren

Mia probiert ein neues T-Shirt an.

ans

Kannst du bitte ans Telefon kommen?

anschalten

Kannst du bitte das Radio anschalten?

die Anschrift

Wenn wir umziehen, bekommen wir eine neue Anschrift.

anspitzen

Ich muss meinen Bleistift anspitzen.

der Anspitzer

Darf ich mir deinen Anspitzer ausleihen?

die Antwort

Weißt du die Antwort?

antworten

Wenn ich gefragt werde, antworte ich.
Ich kann die Frage beantworten.

A

anziehen
Moment, ich ziehe
mich gerade an.

anzünden
Mama zündet
die Kerze an.

der Apfel
Mia beißt in den Apfel.

der Apfelsaft
Lisa trinkt gerne
Apfelsaft.

die Apfelsine
Die Apfelsinen
sind schön süß.

die Apotheke
Vor der Apotheke
steht ein Brunnen.

der April
Am 1. April machen
wir Aprilscherze.

das Aquarium
Im Aquarium
schwimmen
Fische.

die Arbeit
Meine Mutter ist
noch bei der Arbeit.

arbeiten
Wo ist Papa? Er arbeitet.

das Arbeitsblatt
Wir sollen das
Arbeitsblatt
ausfüllen.

das Arbeits-
zimmer
Der Computer steht
im Arbeitszimmer.

ärgerlich

Opa findet es ärgerlich, wenn er seine Brille nicht findet.

ärgern

Mama ärgert sich darüber, dass es regnet.

arm

Leute, die kein Geld haben, sind arm.

der Arm

Die Kinder heben ihre Arme hoch.

das Armband

Das Armband gehört Oma.

der Arzt, die Ärztin

Die Ärztin macht einen Verband um den Fuß.

der Ast

Vorsicht! Der Ast bricht.

der Atlas

Im Atlas finde ich Landkarten.

auch

Zum Geburtstag habe ich auch ein Buch bekommen.

Ich hatte auch schon mal Keuchhusten.

Darf ich auch einen Keks nehmen?

auf

Zwei Hühner sitzen auf dem Zaun.

die Aufgabe

Solche Aufgaben sind leicht.

Ich bin gleich mit der Aufgabe fertig.

aufheben

Heb den Müll sofort auf!

aufhören

Gummitwist ist so lustig. Wir wollen gar nicht aufhören.

aufmachen

Wenn wir das Fenster aufmachen, wird es kühl im Zimmer.

aufpassen

Sam passt auf das Baby auf.

aufräumen

Ich muss heute mein Zimmer aufräumen. Erst wenn das Zimmer aufgeräumt ist, darf ich rausgehen.

aufs

Der Kater Felix ist aufs Dach geklettert.

der Aufsatz

Wir schreiben einen Aufsatz über unser Ferienabenteuer.

aufstehen

Lisa muss früh aufstehen.

aufwachen

Wach auf! Die Sonne scheint.

aufwecken

Der Krach vor dem Fenster hat mich aufgeweckt.

das Auge

Die Katze hat grüne Augen.

die Augenbraue

Der Clown hebt eine Augenbraue.

der August

Im August sind in vielen Ländern Schulferien.

A

aus

Das Spiel ist aus.
(zu Ende, vorbei)

Das Spielzeug ist aus
Holz. *(von, das Material)*

Der Tee kommt aus
China. *(von, da her)*

der Ausgang

Das Kino hat
zwei Ausgänge.

ausgehen

Meine Eltern wollen
heute ausgehen.
(fortgehen)

Die Kerze ist ausge-
gangen. *(erloschen)*

ausgezeichnet

Das Essen schmeckt
ausgezeichnet.

ausmachen

Ich habe den Computer
ausgemacht. *(beendet)*

Wir haben ein Treffen
ausgemacht.
(verabredet)

ausprobieren

Wir wollen heute
ein neues Spiel
ausprobieren.
(testen)

ausschalten

Um sieben Uhr soll der
Fernseher ausgeschaltet
werden. Emma schaltet
ihn aus.

ausschneiden

Wir malen bunte Blätter
und schneiden sie aus.

außer

Es sind alle da außer
Ben. Der ist krank.

aussteigen

Am nächsten Bahnhof
müssen wir aussteigen.

ausziehen

Wenn es wärmer wird,
können wir endlich
die dicken Jacken
ausziehen.

das Auto

Das rote Auto ist uralt.

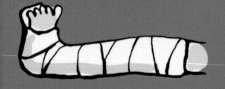

B

das Baby
Mama hat ein neues Baby.

backen
Mama backt jeden Sonntag Törtchen.

der Bäcker
Beim Bäcker gibt es frische Brötchen.

B

die Bäckerei
Die Bäckerei ist sonntags geschlossen.

das Bad
Im Bad sind alle meine Waschsachen.
Manche Wohnungen haben zwei Bäder.

der Badeanzug
Der Badeanzug hat schwarze Punkte.

die Badehose
Bens Badehose ist viel zu groß!

baden
Wenn es heiß ist, bade ich jeden Tag.

das Badetuch
Sam liegt auf dem Badetuch.

die Badewanne
Henry spielt in der Badewanne Pirat.

die Bahn
Oma fährt am liebsten mit der Bahn.

der Bahnhof
Unsere Stadt hat einen Bahnhof.

bald

Ich hoffe, wir sehen uns bald wieder.

der Balkon

Das Haus hat einen Balkon.

der Ball

Tor! Der Spieler schießt den Ball ins Tor.

die Banane

Heb bitte die Bananenschale auf. Jemand könnte auf ihr ausrutschen.

die Bank

Die Bank ist neben dem Rathaus.

der Bär

Bären lieben Honig.

der Bart

Der Weihnachtsmann hat einen langen weißen Bart.

der Basketball

Ben spielt gerne mit dem Basketball.

der Basketballspieler, die Basketballspielerin

Die Basketballspieler brauchen einen Korb. Basketballspieler müssen gut werfen können.

der Bauch

Tims Bauch tut weh.

die Bauchschmerzen

Wenn ich zu viel Eis esse, kriege ich Bauchschmerzen.

bauen

Tim baut einen Turm mit seinen Bausteinen.

**der Bauer,
die Bäuerin**

Henrys Opa ist
Bauer und seine
Oma ist Bäuerin.

der Bauernhof

Henrys Großeltern
haben einen Bauernhof.

der Baum

Im Garten steht ein
großer alter Baum.

B

die Baustelle

Das Betreten der
Baustelle ist für
Kinder verboten.

bedanken

Ich habe mich für das
neue Fahrrad bedankt.

der Beginn

Der Beginn ist der
Anfang. Es geht los,
wenn es beginnt.

beginnen

Die Schule
beginnt um
acht Uhr.

bei

Lisa ist bei Susie.
Bei Regenwetter
spielen wir im Haus.

beide

Die Zwillinge sehen
gleich aus. Sie haben
beide rote Haare.

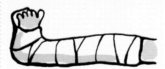

beim

Wir holen das
Fleisch beim Metzger.

das Bein

Ben hat einen
Gipsverband an
seinem Bein.

beinahe

Papa hat beinahe den
Zug verpasst. *(fast)*

das Beispiel
Das ist ein
gutes Beispiel.
Ich mache gern Sport,
zum Beispiel Turnen.

beißen
Mia beißt in den Apfel.

bekommen
Ben bekommt
heute sein Zeugnis.

B

bellen
Sam bellt die Hühner an.

belohnen
Oma belohnt Mia mit
einem Stück Kuchen.

die Belohnung
Wenn ich Oma im
Haushalt helfe, kriege
ich eine Belohnung.

benutzen
Tante Lilly benutzt
den Fahrstuhl, wenn
sie schwere Sachen
eingekauft hat.

das Benzin
In diesen Tank
passt viel Benzin.

beobachten
Ben beobachtet ein Reh.

bequem
Die Schuhe sehen nicht
sehr bequem aus!

bereits
Als ich zu Idas
Geburtstag kam,
waren bereits
alle Gäste da.

der Berg
Wir wandern
heute in die
Berge.

der Beruf
Mein Vater ist Techniker. Das ist sein Beruf.

berühmt
Winnetou ist ein berühmter Mann.

berühren
Ich berühre den Touchscreen mit der Fingerspitze.

B

beschäftigt
Mama ist mit Packen beschäftigt.

besetzt
Die Toilette ist besetzt.

besitzen
Opa besitzt ein altes Auto.

besonders
Turnen mag ich besonders gern.

das Besteck
Zu einem Besteck gehören ein Löffel, eine Gabel und ein Messer.

bestimmt
Oma bringt mir bestimmt ein Geschenk mit.

das Bett
Wer liegt im Bett?

die Bettdecke
Unter meiner Bettdecke ist es schön warm.

bevor
Mama joggt, bevor sie frühstückt.

bewegen
Die Blätter bewegen sich im Wind.

bewölkt
Der Himmel ist bewölkt.

bezahlen
Ich habe fünf Euro. Damit kann ich meinen Comic selbst bezahlen.

B

biegen
Opa biegt die Zweige zur Seite.

Das Auto biegt um die Ecke.

die Biene
Die Biene trinkt Nektar aus der Blüte.

der Bikini
Tante Lilly trägt einen grünen Bikini.

das Bild
Das Bild zeigt eine Landschaft.

billig
Diese Schulhefte sind so billig. Wir können zwei kaufen!

die Birne
In der Birne ist ein Wurm!

bis
Ich bleibe heute bis 15 Uhr in der Schule.

Ich gehe bis zur Ecke, dann kehre ich wieder um.

bisschen
Ich nasche ein bisschen Schokolade.

bitten
Das Kind bittet um ein Eis.

blasen
Henry bläst die
Kerzen aus.
Der Wind
bläst heftig.

das Blatt
Das ist ein leeres
Blatt Papier.
Im Herbst fallen die
Blätter von den Bäumen.

blau
Tim trägt seine blaue
Lieblingskappe.

B

bleiben
Ben bleibt heute
zu Hause, weil
er krank ist.

der Bleistift
Oma hat mir einen
neuen glitzernden
Bleistift gekauft.

blicken
Mia blickt aus
dem Fenster.

der Blitz
Was für ein heller Blitz!

blitzen
Siehst du, wie es blitzt?

der Block
Auf dem Block notiere
ich, was ich einkaufen
soll.

blond
Mia hat blonde Haare.

blühen
Im Frühling blühen
die Osterglocken.
In meinem Zimmer
blüht ein Kaktus.

die Blume
Das Gänseblümchen ist
meine Lieblingsblume.
Auf dem Markt riecht
es nach Blumen.

der Blumenkohl
Was kostet der
Blumenkohl?

die Bluse
Diese Bluse
mag ich nicht!

die Blüte
Die Kirschbäume
sind in voller Blüte.

B

bluten
Au! Mein Finger blutet.

der Boden
Das Baby krabbelt
auf dem Boden.
(auf der Erde)

die Bohne
Ich mag keinen
kalten Bohnensalat.

bohren
Man soll nicht in
der Nase bohren.

das Boot
Das Boot segelt
auf dem See.

böse
In Märchen gibt
es gute und böse
Feen.

boxen
Sportler, die boxen,
brauchen Boxhand-
schuhe.

der Brand
Die Feuerwehr hat den
Brand schnell gelöscht.

braten
Wir braten Würstchen
zum Abendessen.

brauchen
Ich brauche einen
neuen Tuschkasten!

braun
Ben hat braune Haare.

brav
Kinder, die tun,
was man ihnen
sagt, sind brav.
Es ist schwer,
immer brav zu sein.

breit
Der Fluss ist
ziemlich breit.

bremsen
Das Auto bremst
vor der roten Ampel.

brennen
Hilfe! Der Mülleimer
brennt!

B

der Brief
Oma schreibt gerne
Briefe zu Weihnachten.

der Briefkasten
Ich stecke die Postkarte
in den Briefkasten.

die Briefmarke
Ich klebe eine
Briefmarke auf
die Postkarte.

die Brille
Opa trägt eine Brille.

bringen
Bring mir deine
schmutzigen
Socken, ich
stecke sie in die
Waschmaschine.

das Brot
Der Bäcker backt jeden
Morgen frisches Brot.

23

das Brötchen
Welches Brötchen möchtest du?

die Brücke
Das rote Auto fährt über die Brücke.

der Bruder
Tim ist Mias kleiner Bruder.

B

brüllen
Im Dschungel brüllt ein Tiger.

der Brunnen
Die Tauben baden im Brunnen.

die Brust
Das Baby trinkt an der Brust.

brüten
Hühner brüten ihre Eier 21 Tage.

das Buch
Das ist ein Buch über die Steinzeit.

die Bücherei
In der Bücherei kann man Bücher leihen.

die Buch-handlung
Der Junge sucht in der Buchhandlung ein Buch über Ritter.

der Buchstabe
Der erste Buchstabe ist ein A. Der letzte Buchstabe ist ein Z.

der Bügel
Papa hängt seine Hose auf den Bügel.

bunt

Die Ostereier
sind schön bunt.

der Buntstift

Ich habe Buntstifte
in 24 Farben.

die Burg

Auf der Burg haben
die Ritter gelebt.

Die meisten Burgen
sind heute Ruinen.

B

der Bürgersteig

Kleine Kinder dürfen auf
dem Bürgersteig Fahrrad
fahren.

das Büro

In Mamas Büro steht
ihr neuer Computer.

die Bürste

Lisa kämmt sich
mit der Bürste.

bürsten

Ich bürste meine
Haare jeden Tag.

der Bus

Henry fährt mit
dem Bus zur
Schule.

der Busch

Unter dem Busch
lebt ein Igel.

**der Busfahrer,
die Busfahrerin**

Der Busfahrer vom
Schulbus ist nett.

Die Busfahrerin
sitzt am Steuer.

**die Bushalte-
stelle**

Der Bus hält an
der Bushaltestelle.

die Butter

Darf ich bitte die
Butter haben?

25

das Café
Manchmal kauft mir
Oma ein Eis im Café.

campen
Meine Familie geht
gerne campen.

der Campingplatz
Der Campingplatz
liegt direkt am Meer.

die CD
Lisa und Susie hören
gerne Popmusik-CDs.

der Cent
100 Cent sind ein Euro.

chatten
Lisa will mit ihrer
Freundin chatten.

C

**der Chef,
die Chefin**
Frau Meyer ist Tante
Lillys Chefin.

die Chips
Tante Lilly liebt Chips.

**der Chirurg,
die Chirurgin**
Der Chirurg operiert
im Krankenhaus.
Ich kenne eine
Chirurgin.

der Chor
In einem Chor
singen viele
Menschen
zusammen.

die City
Die Innenstadt
nennt man City.

der Clown
Der Clown trägt
einen langen Mantel.

die Cola
Ich trinke gerne Cola mit Eis und Zitrone.

der Comic
Ben hat viele Comics.

der Computer
Der Computer ist im Arbeitszimmer.

der Container
In den Containern werden Waren transportiert.
Der Müll kommt in den Container.

die Cornflakes
Ben isst Cornflakes mit Milch.

die Couch
Sam liegt auf der Couch.

der Cousin
Tim ist Bens und Lisas Cousin.

die Cousine
Mia ist Bens und Lisas Cousine.

der Cowboy
Cowboys tragen Stiefel und Cowboyhüte.

die Creme
Mama reibt mir Creme auf die Haut.

cremig
Das Eis ist schön cremig.

die Currywurst
Die Currywurst ist eine Bratwurst mit Ketchup und Gewürzen.

da

Ich freue mich, wenn
mein Hund da ist.
Die Post ist da!
Da hinten ist
unser Haus.

dabei

Wenn es dunkel ist,
habe ich meine
Taschenlampe dabei.

das Dach

Auf dem Dach
sitzt ein Vogel.

der Dachboden

Zum Dachboden führt
eine geheime Leiter.

damit

Ich stelle mir den
Wecker, damit ich
nicht zu spät komme.
Die Schere ist scharf,
damit kann man gut
schneiden.

danach

Zuerst gehe ich in
die Schule, danach
besuche ich meinen
Freund Dezim.

D

danken

Ich danke dir
für deine Karte.

dann

Zuerst spielen wir,
dann essen wir,
dann sehen wir fern.

darum

Ich habe meine
Jacke vergessen,
darum friere ich
jetzt.

darunter

Das Buch liegt nicht
auf dem Tisch. Es liegt
darunter. *(unter dem
Tisch)*

das

Das ist das Haus
vom Nikolaus.

dauern

Wenn es einen Stau
gibt, dauert die Fahrt
länger.

der Daumen

Das Baby lutscht
am Daumen.

davor

Jetzt bin ich ein
Schulkind, davor
war ich im Kindergarten.

Das ist ein Zaun, davor
steht ein Fahrrad.

dazu

Das ist ein Spiel. Dazu
gehört ein Würfel.

Ich esse gerne
Pfannkuchen und
dazu Marmelade.

die Decke

Auf der Decke ist ein
großer schwarzer Fleck!

der Deckel

Wenn der Deckel nicht
auf dem Glas ist, wird
die Marmelade schlecht.

dein

Ist das deine Schwester?

D

dekorieren

Mama dekoriert
den Tisch.

der Delfin

Der Delfin springt
aus dem Wasser.

denken

Woran denkst du?

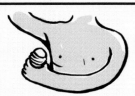

das Denkmal

Das Denkmal stellt
einen Künstler dar.

denn

Ich brauche einen
Fahrschein, denn ich
will mit dem Zug fahren.

das Deo

Mein großer Bruder hat
ein Deo. Das Deo riecht
komisch.

der

Der Weg führt
bergauf.

deshalb

Papa hat den Zug
verpasst, deshalb
kommt er später
an. *(deswegen)*

**der Detektiv,
die Detektivin**

Der Detektiv arbeitet
im Kaufhaus.

D

deutlich

Kannst du das bitte
deutlich aussprechen!
(verständlicher, besser)

Das Wetter ist deutlich
besser geworden.
(viel, wesentlich)

deutsch

Wir schreiben einen
deutschen Satz.

Ich spreche deutsch.

Deutsch

Meine Muttersprache
ist Deutsch.

Deutsch ist meine
zweite Sprache.

Deutschland

Ich bin in Deutschland
geboren.

Ich wohne jetzt
in Deutschland.

der Dezember

Im Dezember feiern
wir Weihnachten.

dick

Das ist ein dickes Tier.

**der Dieb,
die Diebin**

Der Dieb hat die
Tasche gestohlen!

der Dienstag

Dienstag ist der zweite
Tag der Woche.

dienstags

Wir gehen
dienstags
immer in die
Schwimmhalle.

diese, dieser, dieses
Wem gehören diese Schuhe?

das Diktat
Ich habe im Diktat drei Fehler gemacht.
Wir haben schon drei Diktate geschrieben.

das Ding
Was ist das für ein Ding?

der Dinosaurier
Tims Kuscheltier ist ein Dinosaurier.

doch
Wir haben das Spiel doch noch gewonnen. *(trotzdem)*
Ich habe doch gewusst, dass du kommst. *(natürlich, selbstverständlich)*

der Doktor, die Doktorin
Der Doktor trägt einen weißen Kittel.

der Donner
Mit großem Donner fährt ein Zug in den Bahnhof.

donnern
Es donnert schon. Das Gewitter zieht heran.

der Donnerstag
Donnerstag ist der vierte Tag der Woche.

doppelt
Wir haben doppelt bezahlt. Das war einmal zu viel. *(zweifach)*

das Dorf
Das Dorf hat nur fünf Häuser.

der Dorn
Die Rosen haben viele Dornen.
Der Dorn hat mich gepikt.

die Dose
Die alte Dose gehört in die Wertstofftonne.

der Drache
Der Drache spuckt Feuer.

dort
Der Besen steht dort in der Ecke. *(da)*

der Drachen
Der Drachen steigt hoch in den Himmel.

draußen
Ist die Katze draußen?

der Dreck
Es ist so viel Dreck auf dem Spielplatz, dass wir erst fegen müssen. *(Schmutz)*

D

dreckig
Henry hat dreckige Füße.

der Dreh
Das ist ein toller Dreh. *(Trick)*

drehen
Du musst an dem blauen Knopf drehen, um die Lautstärke zu regeln.

3
drei

das Dreieck
Ein Dreieck hat drei Ecken.

30
dreißig

13

dreizehn

dringend

Carl hat Zahn-
schmerzen. Er
muss dringend
zum Zahnarzt.

drinnen

Ist die Katze drinnen?

die Drogerie

In der Drogerie kaufen
wir Seife und Cremes.

drohen

Es droht zu regnen.

drücken

Drück bitte auf
den roten Knopf.

D

der Drucker

Der Drucker druckt
unsere Urlaubsbilder.

der Dschungel

Im Dschungel leben
Tiger und Papageien.

du

Was hast du
gestern gemacht?

dumm

Das ist eine
dumme Sache.

Das ist dumm gelaufen.
(ärgerlich, blöd)

die Dummheit

Ich soll keine Dumm-
heiten machen, wenn
ich allein zu Hause bin.
Eine Dummheit ist
dummes Zeug.

dunkel

Da kommt eine
dunkle Wolke.

dünn
Dieser Mann ist sehr dünn.

durch
Das Auto fährt durch den Tunnel.

der Durchgang
Da hinten ist der Durchgang zum Hof.

durchsichtig
Das Glas ist durchsichtig.

dürfen
Wir dürfen den Rasen nicht betreten. *(verboten)*
Darf ich heute länger aufbleiben? *(bitten)*

der Durst
Wer Durst hat, muss trinken.

D

durstig
Heute ist es sehr heiß, und Sam ist durstig.

die Dusche
Da drüben am Strand ist eine Dusche.

duschen
Lisa duscht jeden Morgen.

das Düsen-flugzeug
Das Düsenflugzeug macht Krach.

die DVD
In den Ferien dürfen wir öfter mal eine DVD gucken.

der DVD-Player
Mein Computer hat keinen DVD-Player.

die Ecke
An der Ecke
gibt es einen Kiosk.

eckig
Die Kiste ist eckig.

ehrlich
Wer ehrlich ist,
der lügt nicht.
Wer lügt, der
ist nicht ehrlich.

das Ei
Zu Ostern malen
wir die Eier bunt an.

die Eiche
Die Eiche ist ein
großer Baum.
Im Park gibt es
viele Eichen.

das Eichhörnchen
Das Eichhörnchen
springt von Ast zu
Ast.

E

die Eidechse
Eidechsen haben einen
langen Schwanz.

eifrig
Edda hilft eifrig dabei,
den Tisch zu decken.
(fleißig)

eigen
Meine Schwester hat
ein eigenes Handy.

eigentlich
Wir wollten eigentlich
schwimmen, aber das
Wasser ist zu kalt.

eilen
Die kleinen Enten eilen
ihrer Mutter hinterher.
(sich beeilen, hetzen)

der Eimer
Das Pferd trinkt
aus dem Eimer.

ein, einer, eine

Ich brauche nur ein Ei für den Pudding.

einander

Wenn es viel zu tun gibt, helfen wir einander. *(einer dem anderen)*

die Einbahn-straße

In der Einbahnstraße dürfen die Autos nur in eine Richtung fahren.

der Einbruch

Bei einem Einbruch wurde Geld gestohlen.

eincremen

Henry hat sich mit Sonnencreme eingecremt.

einfach

Die Aufgabe 6 x 2 ist einfach.

der Einfall

Das ist ein guter Einfall. *(eine gute Idee)*

der Eingang

Der Eingang ist mit einer Girlande geschmückt.

einige

Lisa sammelt einige Muscheln.

E

einkaufen

Die Kundin kauft ein Kilo Kirschen ein.

das Einkaufs-center

Im Einkaufscenter gibt es viele verschiedene Geschäfte.

der Einkaufs-wagen

Der Einkaufswagen ist voller Lebensmittel.

einladen

Susie hat sie zu ihrer Geburtstagsparty eingeladen.

die Einladung

Lisa hat eine Einladung zu einer Party.

einloggen

Wenn ich an Papas Computer gehe, muss ich mich einloggen.

einmal

Es war einmal ein kleines Mädchen, das eine rote Kappe trug.

1

eins

einsam

Tante Lilly fühlt sich einsam, wenn Carl weg ist. *(allein)*

Das Haus liegt ganz einsam im Wald. *(für sich)*

E

einschalten

Du musst den Lautsprecher einschalten, sonst hörst du nichts.

einschlafen

Mein kleiner Bruder ist am Tisch eingeschlafen.

Wenn der Mond so hell scheint, kann ich nicht einschlafen.

einsteigen

Die Kinder steigen in den Schulbus ein.

der Eintopf

Der Eintopf ist ein Essen, bei dem alles in einem Topf gekocht wird.

der Eintritt

Wer ins Kino will, muss Eintritt zahlen.

Im Schultheater ist der Eintritt frei.

einwickeln

Ich wickle das Geschenk in Geschenkpapier ein.

das Eis

Ich möchte bitte
drei Kugeln Eis.

Wenn Wasser
gefriert, wird
es zu Eis.

der Eisbär

Eisbären haben große
Tatzen, die ihnen beim
Schwimmen helfen.

die Eisdiele

Das Kind kauft Eis
in der Eisdiele.

das Eisen

Mit einem Magneten
kann man Eisen
anziehen.

die Eisenbahn

Ich habe eine
elektrische
Eisenbahn.

eisig

Der Wind ist eisig kalt.

ekelig, eklig, ekelhaft

Mama findet
Spinnen ekelig.

ekeln

Manche Leute ekeln
sich vor Motten.

der Elefant

Der Elefant hat einen
langen Rüssel.

E

der Elektriker, die Elektrikerin

Die Elektriker kennen
sich mit Strom aus.

elektrisch

Papa hat eine
elektrische
Zahnbürste.

11

elf

der Elfmeter
Der Elfmeter ist ein
Strafstoß.

der Ellenbogen
An meinem Ellenbogen
ist ein blauer Fleck.

die Eltern
Bens und Lisas Eltern
heißen Marie und Paul.

die E-Mail
Ich schreibe eine
E-Mail an Tante Lilly.

empfindlich
Ich muss mich
eincremen,
weil meine Haut
empfindlich ist.

das Ende
Das Ende des Films
war lustig.
Am Ende der Stunde
spielen wir ein Spiel.

endlich
Im Juli sind endlich
Sommerferien.

eng
Die Jeans ist
mir viel zu eng.

England
Kommt Frau Elling
aus England?

englisch
Die englische Sprache
ist nicht schwer.

der Enkel
Großvater hat
drei Enkel.
Die Enkel sind die
Kinder seiner Tochter.

entdecken
Wir haben ein
Vogelnest entdeckt.
Im Wald kann man
viel entdecken.

die Ente
Enten können
schwimmen
und fliegen.
Die Ente landet
im Teich.

entfernen
Wenn du immer weiter-
gehst, entfernst du dich.

entfernt
Afrika ist weit entfernt.

die Entfernung
Die Entfernung
zur Schule beträgt
einen Kilometer.

entgegen
Ich komme dir ein
Stück entgegen.

enthalten
Der Rucksack enthält
meine Verpflegung.

entlang
Wir gehen am
Strand entlang.

entschuldigen
Carl entschuldigt sich,
weil er zu spät kommt.
Wer Dummheiten
macht, soll sich
entschuldigen.

entspannen
Papa entspannt
sich in der Sonne.

enttäuscht
Ich bin enttäuscht, weil
ich nicht mitfahren darf.
(geknickt)

er
Das ist Tante Lillys
Freund. Er ist Pilot.

die Erbse
Mit Erbsen kann
man rechnen.

E

das Erdbeben
Wenn es ein Erdbeben gibt, bewegt sich die Erde.

die Erdbeere
Ich möchte bitte Erdbeeren mit Sahne!

die Erde
Die Erde ist unser Planet.

Der Boden wird auch Erde genannt.

das Erdgeschoss
Das Wohnzimmer ist im Erdgeschoss.

Erdkunde
In Erdkunde betrachten wir eine Landkarte.

ereignen
An der Kreuzung hat sich ein Unfall ereignet. *(ist geschehen, ist passiert)*

E

erfahren
Herr Schmitt ist ein erfahrener Handwerker. Er kennt sich gut aus.

Woher hast du das erfahren? *(gehört)*

das Ergebnis
Wir haben zwei Tore geschossen. Das ist ein gutes Ergebnis.

erholen
Am Meer kann man sich gut erholen. *(ausruhen)*

die Erholung
Meine Großeltern fahren zur Erholung in die Berge.

die Erkältung
Carl hat eine Erkältung.

erklären
Herr Abraham erklärt die Regeln.

erlauben

Wenn meine Eltern es erlauben, darf ich fernsehen.

die Erlaubnis

Wenn ich fernsehen will, muss ich meine Eltern um Erlaubnis bitten.

erleben

Ich möchte einmal eine Sonnenfinsternis erleben.

das Erlebnis

An das Erlebnis mit dem lustigen Affen denke ich lange zurück.

ernähren

Wenn wir essen und trinken, ernähren wir uns.

ernst

Wenn etwas wichtig ist, nimmt man es ernst.

Die Erwachsenen sagen dann: „Ich meine das ernst!"

ernten

Der Bauer erntet die Kartoffeln.

erobern

Die Piraten erobern ein Schiff. *(einnehmen, erkämpfen)*

erschrecken

In der Geisterbahn erschrecke ich mich.

E

erst

Ich kann erst wieder zur Schule gehen, wenn ich gesund bin. *(nicht eher)*

erwachen

Von dem lauten Knall sind wir alle erwacht. *(wach geworden)*

erwachsen

Mit 18 Jahren ist man erwachsen.

der, die Erwachsene

Karten für Erwachsene kosten fünf Euro.

erwarten

Meine Tante erwartet im Sommer ein Baby. Ich kann es kaum erwarten, bis es so weit ist.

erzählen

Bitte erzähl uns die Geschichte noch mal!

die Erzählung

In der Erzählung geht es um einen Ritter.

es

Ist es einsam auf der Insel?

der Esel

Ein Esel ist kleiner als ein Pferd und hat längere Ohren.

E

essen

Das Baby isst mit den Händen.

das Essen

Das Essen bei meiner Oma ist immer lecker.

das Esszimmer

Wir frühstücken im Esszimmer.

die Etage

Wir haben ein Zimmer in der dritten Etage. *(Stockwerk)*

das Etikett

Auf dem Etikett steht der Preis. *(Preisschild)*

das Etui

Ich habe auch ein Etui für meine neue Brille bekommen. *(Hülle)*

etwas

Hast du etwas Geld?
(ein bisschen, ein wenig)
Möchtest du
etwas essen?

euch

Wir laden euch ganz
herzlich ein, euer Tom.

euer

Schlagt bitte euer
Buch auf Seite 10
auf!

die Eule

Eulen schlafen
meistens tagsüber.

der Euro

Ich habe schon
20 Euro gespart.

Europa

Deutschland ist ein
Staat in Europa.

das Euter

Im Euter der Kuh
entsteht die Milch.

ewig

Das dauert ja ewig!
(endlos, ohne Ende)

das Experiment

Wir haben mehrere
Experimente mit Luft
gemacht.

die Explosion

Bei einer Explosion hat
es einen Knall gegeben.

extra

Das Buch habe ich extra
für dich ausgesucht.
(besonders)
Die Lebensmittel
müssen extra
gelagert werden.
(für sich, getrennt)

extrem

In diesem Sommer ist
es extrem heiß. *(sehr,
äußerst)*

E

47

die Fabrik

In der Fabrik werden Dinge mit der Maschine hergestellt.

das Fach

Ich mag das Fach Deutsch am liebsten. *(Lehrfach)*

Für jedes Gerät gibt es ein eigenes Fach. *(Ablage)*

der Faden

Der Faden ist viel zu kurz!

F

die Fahne

Das ist die deutsche Fahne.

fahren

Der Taxifahrer fährt uns zum Flughafen.

die Fahrkarte

Darf ich Ihre Fahrkarte sehen?

das Fahrrad

Das Fahrrad ist zu groß für Tim.

die Fahrt

Die Fahrt führt durch viele Tunnel.

das Fahrzeug

Wenn etwas fahren kann, ist es ein Fahrzeug.

fallen

Äpfel fallen vom Baum, wenn sie reif sind.

falls

Ich komme nachher vorbei, falls ich es schaffe. *(sofern)*

falsch

4 + 5 = 7. Das ist falsch!

F

die Familie

Ben stellt seine Familie seinem Lehrer vor.

fangen

Der Torwart fängt den Ball.
„Ich fange dich!"
(packen, schnappen)

die Farbe

Die blaue Farbe mag ich am liebsten.

der Fasching

Beim Fasching werden Kostüme getragen.

fast

Weil wir im Stau standen, sind wir fast zu spät gekommen.
(beinahe)

die Faust

Wenn man die Hand zusammendrückt, entsteht eine Faust.

die Faxen

Hubert macht schon wieder Faxen. *(lustiger Unsinn)*

der Februar

Der Februar ist der zweite Monat im Jahr.

der Federball

Im Sommer spielen wir gerne Federball.

der Federball-schläger

Badmintonspieler brauchen einen Federballschläger.

die Fee

In Märchen gibt es gute und böse Feen.

fegen

Papa fegt den Dreck vom Spielplatz.

der Fehler
Du hast zwei
Fehler gemacht.

fehlerfrei
Mein Diktat ist fehlerfrei.

feiern
Am Sonntag feiern wir
meinen Geburtstag.

F

fein
Wenn wir zur Hochzeit
eingeladen sind,
machen wir uns
fein. *(hübsch)*
Das hast du fein
gemacht! *(gut)*

das Feld
Der Traktor fährt
auf das Feld. *(Acker)*
Du kannst drei Felder
weiterrücken. *(Spielfeld)*

das Fell
Kittys Fell glänzt.

der Felsen
Ben steht auf
dem Felsen.

das Fenster
Öffne bitte das Fenster!
Die Fenster sollen
geschlossen bleiben.

die Ferien
In den Ferien reisen
wir ans Meer.

die Ferne
In der Ferne sieht
man ein Segelboot.

das Fernglas
Der Rettungsschwim-
mer sieht durch das
Fernglas.

fernsehen
Opa sieht fern.

F

der Fernseher

Im Fernsehen läuft
eine Sportsendung.

fertig

Achtung, fertig, los!

Wenn ich mit den
Hausaufgaben fertig
bin, besuche ich
meinen Freund.

das Fest

Weihnachten und
Ostern sind Feste.
Eine Hochzeit ist
auch ein Fest.

fett

Dieses Fleisch
ist mir zu fett!

das Fett

Eine fette Wurst
hat viel Fett.

feucht

Wenn es geregnet hat,
ist die Luft feucht.

die Feuchtigkeit

Wenn es nass wird,
spürt man Feuchtigkeit.

das Feuer

Wenn Papier
angezündet wird,
entsteht ein Feuer.

die Feuerwehr

Das Auto der Feuerwehr
kommt um die Ecke.

Pauls Vater ist bei
der Feuerwehr.

das Feuerwerk

Wir begrüßen das
neue Jahr mit einem
Feuerwerk.

die Fichte

Die Fichte ist
ein Nadelbaum.

das Fieber

Henry hat Fieber. Er
muss im Bett bleiben.

Wenn ich Fieber habe,
wird mir ganz heiß.

der Film
Im Kino läuft ein
Film für Kinder.
Ich mag lustige
Filme.

der Filzstift
Normalerweise male
ich mit einem Filzstift.

finden
Ich kann meinen
Stift nicht finden.
*(ausfindig machen,
orten)*
Ich finde das Buch
langweilig. *(bewerten)*

der Finger
Mein Finger blutet.
Wer Klavier spielt,
muss gelenkige
Finger haben.

der Fisch
Der Fisch hat
ein großes Maul.

flach
Die Landschaft ist
vollkommen flach.
(platt, eben)
Das Wasser ist
flach. *(niedrig)*

die Flamme
Die Flamme flackert.
(Feuerflamme)

die Flasche
Ben trinkt aus
der Flasche.
Wir kaufen unsere
Milch in Flaschen.

der Fleck
Da ist ein großer
schwarzer Fleck
auf der Decke.

das Fleisch
Im Supermarkt
gibt es auch Fleisch.

der Fleiß
Oma hat mich für
meinen Fleiß gelobt.

fleißig
Wenn ich viel lerne
oder viel arbeite,
bin ich fleißig. *(emsig,
eifrig, ausdauernd)*

die Fliege

Die Fliege geht mir sehr auf die Nerven.

fliegen

Ich wünschte, ich könnte wie ein Vogel fliegen.

fließen

Der Fluss fließt an den Häusern vorbei.

die Flöte

Mia spielt Flöte.

der Flug

Es gehen viele Flüge nach München.

die Flügel

Der Vogel schwingt seine Flügel.

Die Flügel des Flugzeugs nennt man Tragflächen.

der Flughafen

Es gibt viele große Flugzeuge am Flughafen.

das Flugzeug

Das Flugzeug landet.

der Flur

Der Flur ist der Eingangsraum in unserem Haus.

Schulen haben lange Flure.

der Fluss

Am Fluss sitzt ein Angler.

Der Fluss tritt über die Ufer.

die Flüssigkeit

Ohne Flüssigkeit können wir nicht leben.

flüstern

Tim flüstert Mia etwas ins Ohr.

der Föhn

Mit dem Föhn trocknet
man die Haare.

föhnen

Die Friseurin
föhnt die Haare.

das Foto

Das Foto zeigt
mich als Baby.

F

der Fotoapparat

Mama liebt ihren
alten Fotoapparat.

fotografieren

Mama fotografiert
gerne Vögel.

die Frage

Wer eine Frage stellt,
möchte eine Antwort
haben.

Fragen enden mit
einem Fragezeichen.

fragen

Frau Elling fragt
nach der Lösung.

die Frau

Die Frau ist eine
weibliche Person.

Man redet Frauen
mit „Frau" an: „Guten
Tag, Frau Schmitz!"

frei

Ist der Platz noch
frei? *(nicht besetzt)*

Der Eintritt ist frei.
(kostenlos, gratis)

Heute haben wir nach
der dritten Stunde frei.
(beurlaubt)

der Freitag

Freitag ist der letzte
Tag der Schulwoche.

die Freizeit

Wenn man nicht
arbeiten muss,
hat man Freizeit.

In der Freizeit kann
man selbst bestimmen,
was man tun möchte.

fremd

In der großen Stadt
fühle ich mich fremd.

F

fressen

Menschen essen.
Tiere fressen.

die Freude

Wenn mir etwas
Spaß macht, habe
ich Freude daran.

Das Baby hat viel
Freude in der Wanne.

freuen

Ich freue mich
auf die Ferien.

der Freund, die Freundin

Susie ist Lisas
beste Freundin.

Henry ist Bens
bester Freund.

freundlich

Die Frau an der
Kasse ist sehr
freundlich. *(herzlich)*

Das Zimmer sieht hell
und freundlich aus.
(sonnig, strahlend)

der Frieden

Nach dem Streit
schließen wir Frieden.

Wenn ein Krieg
beendet ist, gibt
es endlich Frieden.

der Friedhof

Auf dem Friedhof liegen
die Toten begraben.

In großen Städten gibt
es mehrere Friedhöfe.

friedlich

Wenn die Lichter
ausgehen, sieht alles
ganz friedlich aus.
(still)

frieren

Ich ziehe einen Pullover
an, weil ich friere.

frisch

Mama macht einen
frischen Orangensaft.

Heute ist es frisch
draußen. *(kühl)*

Morgens ziehe ich
frische Unterwäsche
an. *(ungebraucht)*

der Friseur, die Friseurin

Mama ist beim Friseur.

froh

Ich bin froh, dass mein
Opa wieder gesund ist.
(erleichtert)

fröhlich

Wenn Kinder fröhlich sind, lachen sie laut. *(gut gelaunt, heiter)*

der Frosch

Der Frosch möchte die Fliegen fangen.

früh

Der Hahn kräht früh am Morgen.

früher

Früher gab es keine Autos. *(vor langer Zeit)*

der Frühling

Im Frühling blühen die Gänseblümchen.

der Fuchs

Der Fuchs hat einen schönen buschigen Schwanz.

fühlen

Die Katze fühlt sich wohl.

Das fühlt sich weich an.

führen

Die junge Frau führt uns durch die Ausstellung. *(leiten, begleiten)*

die Führung

Im Museum haben wir an einer Führung teilgenommen. *(Rundgang, Besichtigung)*

füllen

Mama füllt das Glas mit Milch.

Die Straßen sind mit Menschen gefüllt.

der Füller

Der Füller schreibt mit Tinte.

Ich habe zwei Füller.

fünf

5

F

15
fünfzehn

50
fünfzig

für
Das Geschenk
ist für dich!

furchtbar
Das neue Kaufhaus
ist furchtbar groß.
(enorm, besonders)
Der Film war
furchtbar. *(schrecklich)*

fürchten
Mama fürchtet
sich vor Spinnen.

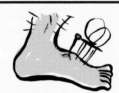

der Fuß
Eine Mücke sticht
in Bens Fuß!

der Fußball
Fußball ist mein
Lieblingssport.
Der Fußballspieler
kickt den Fußball.

das Fußballspiel
Das Fußballspiel endete
3:2.

**der Fußball-
spieler, die Fuß-
ballspielerin**
Die Fußballspieler
brauchen einen Fußball.

der Fußgänger
Das ist eine Ampel
für Fußgänger.
Das Schild zeigt
einen Fußgänger.

das Futter
Das Essen der Tiere
nennt man Futter.
Mein Mantel hat
innen ein Futter.
(Fütterung)

füttern
Die Vögel füttern
ihre Jungen.

die Gabel

Ich esse Pommes mit der Gabel.

Gabeln gehören zum Besteck.

gackern

Hühner gackern, wenn sie zufrieden sind.

der Gang

Im Keller haben wir einen dunklen Gang.

Der Gang zum Bäcker dauert fünf Minuten.

G

die Gans

Die Gans hat vier Junge.

ganz

Ich bin ganz gespannt, wie der Film ausgeht. *(sehr)*

Meine Freundin hat ganz lange Zöpfe. *(sehr)*

Der Teller ist ganz geblieben. *(heil, vollständig)*

die Garage

Das Auto steht in der Garage.

der Garten

Es gibt viele Blumen im Garten.

der Gast

Mama begrüßt die Gäste.

Der Gast ist ein Besucher, der eingeladen ist.

das Gasthaus

In einem Gasthaus kann man zu Mittag essen.

das Gebäck

Zum Gebäck gehören Kekse und Plätzchen.

das Gebäude

Das Rathaus ist ein großes Gebäude.

geben

Ich gebe meiner Mama einen Kuss. *(schenken)*

Mia gibt Lisa ein Bild. *(aushändigen)*

Meine Eltern geben morgen ein Fest. *(veranstalten)*

das Gebet

In einem Gebet ruft man Gott an.

In Gebeten dankt man Gott.

das Gebirge

Das Gebirge ist eine Ansammlung von Bergen.

geboren

Ich bin im Mai geboren.

Meine Tante hat ein Kind geboren.

G

die Geburt

Ich habe mich über die Geburt meiner kleinen Schwester gefreut.

der Geburtstag

Opa schenkt Henry zum Geburtstag eine Spielzeugeisenbahn.

der Gedanke

Das ist ein guter Gedanke! *(Idee)*

das Gedicht

Ich kann das Gedicht aufsagen.

Ich lerne gerne Gedichte.

die Gefahr

Das Schild bedeutet Gefahr.

gefährlich

Die große Straße ist gefährlich für Frösche.

das Gefühl

Freude ist ein schönes Gefühl.

gegen

Henry wird gegen Keuchhusten geimpft. *(verhindert)*

Ich bin gegen Mittag zu Hause. *(ungefähr, etwa)*

gegenseitig

Wenn wir uns gegenseitig helfen, hilft einer dem anderen.

das Gegenteil

Das Gegenteil von groß ist klein.

gegenüber

Ben sitzt Lisa gegenüber.

geheim

Wenn ich etwas nicht weitersage, bleibt es geheim.

G

das Geheimnis

Wenn ich mit meiner Freundin ein Geheimnis habe, reden wir nicht darüber.

gehen

Wollen wir ins Kino gehen?

Das geht nicht. *(funktioniert nicht)* *(ist nicht erlaubt)*

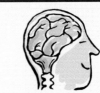

das Gehirn

Mit dem Gehirn denken wir.

gehören

Diese Bücher gehören Tim. *(besitzen)*

Da gehört viel Mut dazu. *(brauchen)*

Das gehört sich nicht! *(das tut man nicht)*

die Geige

Mama spielt Geige.

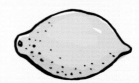

gelb

Die Zitronen sind gelb.

das Geld

Das Geld ist im Geldbeutel.

Wenn man kein Geld hat, kann man nichts kaufen.

gemein

Wer gemein ist, der ist nicht nett. *(fies, ungerecht)*

das Gemüse

Kinder sollen viel Gemüse essen.

gemütlich
Die grüne Couch
ist gemütlich.

genau
Wenn ich etwas genau
mache, ist es richtig.

Das sind genau 10 Cent,
also nicht mehr und
nicht weniger. *(exakt)*

genießen
Tante Lilly genießt
die Sonne.

G

genug
Wer satt ist, hat
genug gegessen.
(ausreichend)

Geografie
Geografie ist ein anderer
Name für Erdkunde.

das Gepäck
Das ist zu viel Gepäck!

der Gepard
Der Gepard ist das
schnellste Landtier.

gerade
Der Zug ist gerade
angekommen. *(eben,
in diesem Moment)*

Das ist eine gerade
Straße. *(ohne Kurven)*

das Gericht
Vor das Gericht muss
jemand, der Gesetze
übertreten hat.

Ein Essen wird auch
Gericht genannt.

gern, gerne
Lisa spielt gerne Tennis.

der Geruch
Ich mag den Geruch
von Zitronen.

das Geschäft
In dem Geschäft kann
man Spielzeug kaufen.

das Geschenk

Danke für das Geschenk!

die Geschichte

In Geschichte lernen wir etwas über die Steinzeit.
Oma erzählt mir abends oft eine Geschichte.

das Geschirr

Mit dem neuen Geschirr musst du ganz sorgfältig umgehen.

G

die Geschwister

Ich habe zwei Geschwister, einen Bruder und eine Schwester.

das Gesetz

Ein Gesetz beschreibt, wie man sich verhalten soll. Es gibt viele Gesetze.

das Gesicht

Ben malt ein Gesicht.

das Gespenst

Um Mitternacht kommt das kleine Gespenst.

gestern

Wir waren gestern im Zoo.

gesund

Gemüse ist gesund!
Ich hatte Fieber. Jetzt bin ich wieder gesund.

das Getränk

Finger weg! Wein ist ein Getränk für Erwachsene.

getrennt

Weil wir zu viel geredet haben, hat uns Frau Schmitt getrennt.
(auseinandergesetzt)
Das Eigelb wird vom Eiweiß getrennt.
(gesondert)

das Gewicht

Oma überprüft ihr Gewicht.

das Gewimmel

In der Vorweihnachts-
zeit ist auf den Straßen
ein großes Gewimmel.

gewinnen

Bens Mannschaft
gewinnt das Spiel.

das Gewitter

Was für ein
lautes Gewitter!

G

gewöhnen

Nach den Ferien muss
ich mich erst wieder an
die Schule gewöhnen.

das Gewürz

Pfeffer und Salz
sind Gewürze.

gießen

Ich gieße vorsichtig den
heißen Tee in die Tasse.

die Giraffe

Die Giraffe hat
einen langen Hals.

die Gitarre

Ben spielt am
Nachmittag
Gitarre.

das Glas

Ein Glas Limonade bitte!

glatt

Mia hat glatte
Haare. *(gerade)*
Vorsicht! Draußen
ist es glatt. *(rutschig)*

glauben

Glaubst du an Monster?
Wenn ich etwas glaube,
denke ich, dass es wahr
ist.

gleich

Die beiden Bilder
sehen ziemlich
gleich aus. *(ähnlich)*
Ich bin gleich wieder
da! *(in kurzer Zeit)*

der Globus
Der Globus zeigt die ganze Welt.

das Glück
Ich habe Glück, weil es mir gut geht und ich mich freue.

Ich wünsche dir viel Glück!

glücklich
Ben ist glücklich, weil er das Spiel gewonnen hat.

der Glückwunsch
Herzlichen Glückwunsch zum Geburtstag!

Mama hat so viele Glückwünsche bekommen.

glühen
Die Kohlen glühen auf dem Grill.

der Gott
Viele Menschen glauben, dass Gott die Erde geschaffen hat.

der Grad
Mit Grad misst man die Temperatur. Das Badewasser hat 15 Grad. Das ist zu kalt zum Baden.

das Gramm
Ich möchte bitte 500 Gramm Hackfleisch. 500 Gramm sind ein Pfund.

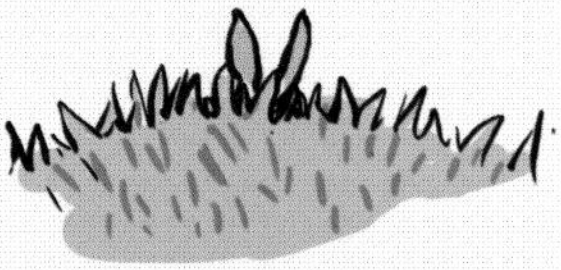

das Gras
Der Hase versteckt sich im Gras.

gratulieren
Wir gratulieren dir ganz herzlich zum Geburtstag.
(Glück wünschen)

grau
Opa hat graue Haare.

grinsen
Papa grinst.

die Grippe

Die Grippe ist eine Krankheit mit Fieber.

groß

„Oh, wie groß du bist!", sagt die Maus zum Elefanten.

Das Haus ist groß. *(hat viel Platz)*

die Großmutter

Ich sage zu meiner Großmutter Omi.

G

der Großvater

Großvater ist der Vater von meinem Papa.

grün

Die Paprikaschoten sind grün und rot.

gruselig

Der Film war ein bisschen gruselig. *(schaurig)*

der Gruß

Kannst du deiner Mutter einen Gruß ausrichten?

grüßen

Wenn ich Bekannte auf der Straße treffe, grüße ich sie.

das Gummi

Mit einem langen Gummi können wir Gummitwist spielen.

die Gurke

Wir brauchen zwei Gurken für den Salat.

der Gürtel

Papa braucht einen Gürtel.

gut

Das hast du richtig gut gemacht. *(schön)*

Im Buch kommt ein guter Zauberer vor. *(nicht böse)*

Gut, wir spielen zu-sammen! *(abgemacht)*

das Haar
Lisa kämmt sich die Haare mit ihrer Bürste.

haben
Opa hat ein altes Fernrohr.

Wir haben bald Ferien.

Hast du dein Bett gemacht?

der Hafen
Im Hafen kann man Schiffe beobachten.

der Hagel
Der Hagel ist ein Regen mit Eistropfen.

der Hahn
Der Hahn kräht früh am Morgen.

Aus dem Hahn kommt kein Wasser.

der Hai
Schnell! Kommt raus aus dem Wasser! Da ist ein Hai!

H

der Haken
Mach bitte einen Haken in die Kästchen.

Die Jacke hängt am Haken.

halb
Das Glas ist nur halb voll.

die Halle
Zum Eislaufen gehen wir in eine große Halle.

Hallo
Hallo! Wenn man Hallo sagt, begrüßt man jemanden.

Halloween
Zu Halloween machen wir eine Kürbislaterne.

der Hals
Tim wäscht seinen Hals.

halten

Halte bitte das Seil!

Wenn der Zug eingefahren ist, hält er. *(stoppen)*

Du musst dich an dein Versprechen halten! *(erfüllen)*

die Haltestelle

Wir warten an der Haltestelle auf den Bus.

Bis zur Schule gibt es drei Haltestellen.

das Halteverbot

Das Auto steht im Halteverbot.

der Hamster

Die Hamster gehören Tim.

die Hand

Jede Hand hat fünf Finger.

der Handfeger

Mit dem Handfeger wird der Staub aufgefegt.

der Handschuh

Der Torwart braucht Handschuhe.

die Handtasche

In der Handtasche ist ein Spiegel.

das Handtuch

Das Handtuch ist nass.

der Handwerker

Maler, Maurer, Dachdecker nennt man Handwerker.

Johanns Vater ist Handwerker.

das Handy

Ich habe noch kein Handy.

hängen

Die Wäsche hängt an der Leine.

hart

Der Keks ist zu hart!
(fest)

Das war harte Arbeit.
(schwer, anstrengend)

der Hase

Der Hase hat
lange Ohren.

Hasen sieht man
ganz selten.

hassen

Lisa hasst es
abzuwaschen.

hastig

Papa ist heute ganz
hastig losgefahren.
(eilig)

hauen

Neulich hat mich
Jakob gehauen.
(geschlagen)

der Haufen

Bevor ich aufräume,
packe ich alle meine
Spielsachen auf einen
Haufen. *(Stapel)*

Da wartet ein Haufen
Menschen vor dem Kino.
(Menge)

häufig

Wir gehen häufig
spazieren. *(oft)*

das Haus

Das ist ein altes Haus.

die Hausaufgabe

Die Hausaufgabe
ist einfach.

Wir haben nur eine
Hausaufgabe in
Mathe auf.

Morgen gibt es mehr
Hausaufgaben.

der Hausschuh

Im Hausschuh
sitzt eine Maus!

das Haustier

Hamster, Kaninchen
und Mäuse sind alles
nette Haustiere.

die Haut

Die Sonne bräunt
deine Haut.

der Hebel

Der rote Hebel ist zum Ausschalten.

Wenn du den Hebel bewegst, geht die Maschine an.

die Hecke

In der Hecke ist ein Vogelnest.

das Heft

Wir haben vier Hefte.

Das rote Heft ist für das Fach Deutsch.

heimlich

Wenn ich heimlich etwas tue, soll es keiner wissen.

heiraten

Meine große Schwester will im Sommer heiraten.

heiser

Wenn ich heiser bin, spreche ich kratzig.

heiß

Der Tee ist heiß.

heißen

Tante Lillys Freund heißt Carl.

heizen

Wir heizen im Wohnzimmer mit Holz.

Wenn wir nicht heizen, ist es kalt in der Wohnung.

helfen

Lisa hilft Papa beim Kochen.

Kannst du mir bei der Aufgabe helfen?

Hilfst du mir bitte?

hell

Wenn die Sonne scheint, ist es schön hell.

das Hemd

Papa hat viele Hemden.

Zieh dir bitte ein sauberes Hemd an!

her

Komm bitte mal her!
(heran, hierher)

der Herbst

Im Herbst fallen
die Blätter von
den Bäumen.

der Herd

Ein Topf steht
auf dem Herd.

H

die Herde

Vor dem Stall grast
eine Herde Kühe.

herein

Kommt doch herein!

der Herr

Herr Müller schließt
die Tür ab.
Der Herr trägt einen Hut.

herstellen

In der Molkerei wird
Käse hergestellt.

herüber

Die Nachbarn
winken herüber.

herumlaufen

Die Kinder laufen in der
Pause auf dem Schulhof
herum.

das Herz

Lisa macht ein
Herz aus Blumen.

Das Herz pumpt das Blut
durch den Körper.

herzlich

Die Gemüsefrau auf
dem Markt ist sehr
herzlich. *(freundlich)*

heute

Was machen wir heute?

die Hexe

die Hexe
Die Hexe spricht einen Zauberspruch.

hier
Hier wohnt meine Oma.

die Hilfe
Der Gehstock ist eine gute Hilfe für meine Uroma.

H

der Himmel
Der Himmel ist schön blau.

hin
Ich möchte da nicht hin. Ich bleibe lieber hier.

hinein
Es blitzt, wir sollten lieber hineingehen.

hinfallen
Tim fällt rücklings hin.

hinten
Der Besen steht hinten in der Ecke.

hinter
Der Kommissar läuft hinter dem Dieb her.

der Hintern
Autsch! Ich bin auf den Hintern gefallen.

hinunter
Opa geht die Treppe hinunter.

der Hirte
Hirten hüten Schafe oder Kühe.

die Hitze

Puh, ist das heiß! Diese Hitze ist unerträglich!

das Hobby

Mamas Hobby ist Tango tanzen.

hoch

Der Eiffelturm ist 324 Meter hoch. *(aufragend)*

Geht bitte langsam die Treppe hoch. *(nach oben)*

H

die Hochzeit

Ich bin zur Hochzeit meiner Tante eingeladen.

das Hockey

Magst du Eishockey oder Hockey lieber?

der Hockey-schläger

Mit dem Hockeyschläger schlägt man auf den Ball.

der Hockey-spieler, die Hockeyspielerin

Der Hockeyspieler braucht einen Hockeyschläger.

der Hof

Kannst du heute den Hof fegen?

hoffen

Ich hoffe, dass morgen die Sonne scheint. *(sich wünschen)*

hoffentlich

Hoffentlich habe ich meine Hausaufgaben dabei.

hohl

Sieh mal! Der alte Baumstamm ist vollkommen hohl.

die Höhle

Der Bär lebt in einer Höhle.

holen
Kannst du die
Post holen?

der Honig
Ich mag Toastbrot mit
Honig zum Frühstück.

hopsen
Luisa hopst auf
einem Bein.

H

hören
Ich kann Musik hören.

die Hose
Die Hose hat einen
Riss am Knie.
Jungs haben immer
Hosen an.

die Hosentasche
In meiner Hosentasche
ist ein Loch.

das Hotel
Wir bleiben heute
in einem Hotel.
Das Hotel hat
drei Sterne.

hübsch
Susie hat hübsches
lockiges Haar.

der Hubschrauber
Der Hubschrauber
landet auf dem
Krankenhaus.

der Hügel
Auf dem Hügel
weiden Schafe.

das Huhn
Das Huhn hat
fünf Küken.

der Hund
Sam ist Bens
und Lisas Hund.

das Hundefutter
Sam frisst Hundefutter aus seinem Napf.

die Hundehütte
Die Hundehütte steht im Garten.

100
hundert, einhundert

der Hunger
Wenn ich Hunger habe, esse ich ein Brot.

hungrig
Das Baby schreit, weil es hungrig ist.

die Hupe
Das Auto hat eine lustige Hupe.
Manche Fahrräder haben auch Hupen.

hupen
Kannst du mal hupen? Da steht eine Kuh auf der Straße.

hüpfen
Kannst du auf einem Bein hüpfen?

husten
Wenn du hustest, musst du die Hand vor den Mund nehmen.

der Husten
Henry hat Husten.

der Hut
Papa hat einen lustigen Hut auf.

die Hütte
In der Hütte kann man sich vor dem Regen schützen.

ich

Ich bin Mia.

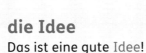

die Idee

Das ist eine gute Idee!

der Igel

Igel haben viele
spitze Stacheln.

der Iglu

Iglus werden aus
Schnee gebaut.

ihr, ihre

Mia bindet sich ihre
Haare zurück.

im

Wir waren heute
im Zoo. *(in dem)*

I J

der Imbiss

Beim Imbiss an der
Ecke gibt es Pommes.
(Geschäft)

Das Sandwich ist
nur ein kleiner Imbiss.
(kleine Speise)

immer

Lisa liest immer im Bett.

impfen

Gegen Grippe kann man
sich impfen lassen.

die Impfung

Ich habe ein bisschen
Angst vor der Impfung.

in

Die Zahnpasta ist
in der Tube. *(drin)*

Papa schüttet Wasser
in den Topf. *(hinein)*

die Information

In dem Heft gibt es
Informationen über
Autos.

informieren
Du kannst dich im Internet über Autos informieren.

der Inhalt
Der Inhalt der Flasche ist ausgekippt.

die Inlineskates

Lisa und Henry laufen gerne Inlineskates.

innen
Du musst das Fenster auch von innen putzen.

ins
Willst du mit ins Museum gehen? *(in das)*

das Insekt

Fliegen sind Insekten. Sie leben nur wenige Tage oder Wochen.

I J

die Insel

Die Insel liegt mitten im Meer.

das Instrument

Das Mikroskop ist ein Instrument zur Vergrößerung. *(Gerät)*
Jeder spielt ein anderes Instrument. *(Musikinstrument)*

interessant

Ist das Buch interessant?

das Internet

Ben hat eine eigene Website im Internet.

irren
Wer sich irrt, ist zu einem falschen Ergebnis gekommen.

ist

Susie ist Lisas Freundin.

ja
Ja, ich bin mit der
Aufgabe fertig.

die Jacke
Die Jacke hat
vier Knöpfe.

das Jahr
Das Jahr beginnt
am 1. Januar.

die Jahreszeit
Das Jahr hat vier
Jahreszeiten: Frühling,
Sommer, Herbst und
Winter.

der Januar
Im Januar schneit
es oft.

jaulen
Sam jault, weil
die Tür zu ist.

I J

die Jeans
Diese Jeans sind zu eng!

der Jeansladen
Im Jeansladen gibt
es Jeans, T-Shirts
und Jacken.

jede, jeder, jedes
Jedes Kind hat
ein Bild gemalt.

jemand
Klopft da jemand?

jetzt
Ich muss jetzt nach
Hause gehen. Es ist
schon spät. *(nun)*

der Job
Meine große Schwester
hat einen Job in der
Bücherei. *(Tätigkeit)*

joggen
Mama joggt jeden Tag.

der Joghurt
Ich mag am liebsten
Joghurt mit Erdbeeren.

der Jubel
Das war ein Jubel, als
wir das Spiel gewonnen
haben!

jubeln
Sogar die kleinen Kinder
haben gejubelt. *(sich
sehr freuen)*

jucken
Ich habe einen Mücken-
stich, das juckt!

**der, die Jugend-
liche**
Man nennt ältere
Kinder Jugendliche.

I J

der Juli
Im Juli fahren
wir ans Meer.

jung
Tim ist zu jung, um
zur Schule zu gehen.

der Junge
Der Junge trägt
einen Ohrring.

die Jungen
Die Vögel füttern
ihre Jungen.

der Juni
Im Juni beginnt
der Sommer.

der Jux
Wir haben heute in
der Sportstunde viel
Jux gemacht. *(Spaß,
Unsinn)*

das Kabel
Früher hatten alle
Telefone ein Kabel.

der Käfer
Der Käfer hat
sechs Beine.

der Kaffee
Der Kaffee ist für Papa!

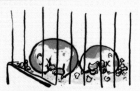

der Käfig
Die Hamster
schlafen im
Käfig.

der Kakao
Ich möchte einen
Kakao mit Sahne.

das Kalb
Das Kalb trinkt
aus dem Eimer.

K

der Kalender
Der Kalender hat
Hunderte von Seiten.

kalt
Kalte Limonade
schmeckt am besten,
wenn man sie mit
einem Strohhalm
trinkt.

die Kälte
Die Kälte kommt
durchs offene Fenster.

das Kamel
Die Kamele ziehen
durch die Wüste.

der Kamm
Opa kann seinen
Kamm nicht finden.

kämmen
Mit diesem Kamm
kämme ich meine
Haare.

der Kanal
Der Kanal verbindet
zwei Flüsse.

das Känguru
Das Känguru kommt
aus Australien.

der Kapitän
Kapitäne sind Schiffs-
führer. Jedes große
Schiff braucht einen
Kapitän.

die Kappe
Ben setzt seine
neue Kappe auf.

kaputt
Der Stuhl ist kaputt.

der Karneval
Im Februar feiern
wir Karneval.

die Karotte
Kaninchen lieben
Karotten.

die Karte
Ben und Henry
spielen Karten.
Ich habe in den
Ferien viele Karten
geschrieben.

die Kartoffel
Der Bauer erntet
die Kartoffeln.

K

der Karton
Das Geschenk war in
einem großen Karton
verpackt.

das Karussell
Ich möchte mit dem
Karussell fahren!

der Käse
Der Käse hat viele,
viele Löcher.

der Kasper
Der Kasper ist die lustigste Figur im Kasperletheater.

die Kasse
An der Kasse ist eine lange Schlange.
Da ist viel Geld in der Kasse.

der Kater
Der Kater schmust gerne.

die Katze
Kitty ist Mias Katze.

kauen
Lisa kaut auf ihrem Bleistift.

kaufen
Oma kauft Tomaten.

K

das Kaugummi
Mit Kaugummi kann man große Blasen machen.
Ich mag Kaugummis mit Pfefferminzgeschmack.

der Kegel
Wer Kegeln spielt, muss neun Kegel treffen.

kein, keiner, keine
Ich habe kein Geld mit.

der Keks
Der Keks ist so hart. Ich kann ihn nicht beißen.

der Keller
Im Keller wohnt eine Mäusefamilie.
Manche Keller sind dunkel und feucht.

der Kellner, die Kellnerin
Die Kellnerin ist sehr freundlich.

kennen
Kennst du das Spiel?
Nein, das kenne ich
nicht.

der Kern
Ich spucke
den Kern aus.

die Kerze
Mama zündet
eine Kerze an.

das Ketchup
Ich liebe Pommes
mit Ketchup.

die Kette
Oma trägt eine Kette.
Das Fahrrad ist mit einer
Kette abgeschlossen.

kicken
Ben kickt Henry
den Ball zu.

das Kilo
Ich hätte bitte gerne
zwei Kilo Tomaten.

der Kilometer
Ein Kilometer sind
1000 Meter.
Meine Oma wohnt
150 Kilometer entfernt.

das Kind
Das Kind möchte auf
der Baustelle spielen.
Das Betreten der
Baustelle ist für
Kinder verboten.

der Kindergarten
Leo geht in den
Kindergarten.

**das Kinder-
zimmer**
Das Babybett steht
im Kinderzimmer.

das Kinn
Opa hat eine
Nudel am Kinn.

das Kino
Lisa und Susie gehen gerne ins Kino.

der Kiosk
Am Kiosk kann man Zeitschriften und Getränke kaufen.

die Kirche
Die Kirche hat zwei Glocken.

die Kirsche
Kirschen haben einen Kern in der Mitte.

das Kissen
Mit Kissen kann man es sich schön kuschelig machen.

die Kiste
In der Kiste sind alte Kleidungsstücke.

K

klar
Das Wasser ist klar und sauber. *(durchsichtig)*

Das ist eine klare Sache. *(das stimmt)*

Na klar, ich kann mitkommen! *(natürlich, selbstverständlich)*

die Klasse
In meiner Klasse sind 25 Schüler.

Mein kleiner Bruder kommt in die erste Klasse.

klatschen
Nach dem Theaterstück haben alle lange geklatscht.

Bei dem Lied klatschen wir in die Hände.

das Klavier
Oma kann sehr gut Klavier spielen.

kleben
Ich klebe das Bild ins Fotoalbum.

klebrig
Die Bonbons sind klebrig!

der Klebstoff
Wir befestigen die Bilder mit Klebstoff.

der Klecks
Ich brauche noch einen Klecks Klebstoff!

das Kleid
Das Kleid hat rote Punkte.

der Kleider-schrank
Wer hat sich im Kleiderschrank versteckt?

die Kleidung
Papa hängt die Kleidung auf die Kleiderbügel.

klein
Tim ist kleiner als Mia. Das Haus ist klein.

klettern
Ben klettert gerne auf Bäume.

das Klima
Im Süden ist das Klima freundlicher.

die Klingel
Die Klingel ist an der Haustür.

K

klingeln
Wenn die Tür verschlossen ist, musst du klingeln.
Mama, dein Handy klingelt!

das Klo
Das Klo ist besetzt.

klopfen
Es klopft! Herein!

klug
Katzen sind kluge Tiere.

knabbern
Du sollst nicht an deinen Fingernägeln knabbern!

knallen
Wenn es knallt, erschrecke ich mich immer.

knicken
Du musst das Blatt in der Mitte knicken.

das Knie
Ben schützt seine Knie mit Knieschützern.

der Knöchel
Nasrin hat sich den Knöchel verletzt.

K

der Knochen
Sam trägt einen großen Knochen in seinem Maul.

der Knopf
Drücke auf den roten Knopf!

Schon wieder ist ein Knopf abgerissen.

der Koch, die Köchin
In einem großen Restaurant gibt es mehrere Köche.

kochen
Papa kocht Spaghetti mit Tomatensoße.

der Koffer
Tante Lilly packt ihren Koffer.

das Komma
Muss ich hier ein Komma machen?

kommen

Warte auf mich!
Ich komme!
Ella kommt im Sommer
in die vierte Klasse.
Der Tee kommt aus
China.

der Kompass

Der Kompass zeigt die
Himmelsrichtungen an.

der König,
die Königin

Die Bienen haben
eine Königin.
Der Löwe wird der König
der Tiere genannt.

können

Ich kann das nicht
alleine! Kannst du
mir helfen?

der Kopf

Ich habe mir den
Kopf gestoßen!

der Kopfhörer

Henry hört über
den Kopfhörer seine
Lieblingsmusik.

der Kopfsalat

Schnecken lieben
Kopfsalat.

die Kopf-
schmerzen

Opas Kopf tut weh! Er
hat Kopfschmerzen.

der Kopfsprung

Ben macht einen
Kopfsprung.

K

der Körper

Oje! Mein Körper
ist ganz rot!
Zum Körper gehören
Kopf, Hals, Arme, Beine,
Bauch und Rücken.

kosten

Was kostet das Buch?

das Kostüm

Was für ein Kostüm
trägst du?

der Kot

Wer einen Hund hat, muss den Kot beseitigen.

krabbeln

Das Baby krabbelt im Sand.

der Krach

Was ist denn das für ein Krach hier? Das ist viel zu laut.

die Kraft

Ben hat ganz schön viel Kraft in den Armen.

kräftig

Wer kräftig ist, hat viel Kraft. *(stark sein)*

der Kragen

Die Bluse hat einen weißen Kragen.

K

der Kran

An der Baustelle steht ein riesiger Kran.

Mit den Kränen werden schwere Teile transportiert.

krank

Mia ist krank. Sie hat Fieber.

das Krankenhaus

Im Krankenhaus arbeiten Ärzte und Krankenschwestern.

die Kranken-schwester

Die Krankenschwester macht einen Verband.

der Kranken-wagen

Tatü, tata! Hier kommt ein Krankenwagen!

kratzen

Sam kratzt an der Tür. Wenn es juckt, muss man sich kratzen.

der Krebs

Krebse können
seitwärts laufen.

Mein Sternzeichen
ist Krebs.

die Kreide

Frau Elling schreibt
mit Kreide.

der Kreis

Mit dem Zirkel kann
man einen Kreis
zeichnen.

das Kreuz

Auf dem Kirchturm
ist ein Kreuz.

die Kreuzung

An der Kreuzung ist
ein Unfall passiert.

kriechen

Die Schnecke kriecht
ganz langsam.

K

der Krieg

Wenn es Krieg gibt,
haben die Menschen
viel Angst.

der Krimi

Ein Krimi ist eine span-
nende Geschichte.

das Krokodil

Das Krokodil
genießt die
Sonne.

die Küche

Die Küche ist im
Erdgeschoss.

der Kuchen

Tante Lilly backt
einen Kuchen.

**der Küchen-
schrank**

Opa hat einen schönen
alten Küchenschrank.

die Kugel
Die Kugel rollt schneller als der Ball.

die Kuh
Die Kuh ist schwarz und weiß.

kühl
Im Kühlschrank bleibt die Milch kühl.
Am Abend wird es kühler.

der Kühlschrank
Die Milch steht im Kühlschrank.

das Küken
Das Küken schlüpft ganz allein aus dem Ei.
Küken sind so süß!

die Kunst
Kunst ist Mias Lieblingsfach.
Tante Lilly liebt die Kunst.

K

der Künstler, die Künstlerin
Mia möchte Künstlerin werden, wenn sie groß ist.

die Kurve
Das ist eine scharfe Kurve.

kurz
Ben hat kurze Hosen an.
Kannst du mal kurz meine Tasche halten.
Wir waren nur kurz einkaufen.

kuscheln
Ich kuschele abends gerne mit Papa.

der Kuss
Zum Abschied habe ich Oma einen Kuss gegeben.

küssen
Tante Lilly und Carl küssen sich, weil sie verliebt sind.

L

lachen
Ben lacht über
den lustigen Film.

laden
Der LKW hat
Holz geladen.

der Laden
Das ist ein Laden für
Spielzeug. Können
wir bitte reingehen?

das Laken
Das Laken passt gut zu
meiner Bettwäsche.

die Lakritze
Ich mag am liebsten die
Schlangen aus Lakritze.

das Lamm
Das Schaf hat
zwei Lämmer.

die Lampe
Die Lampe ist sehr hell.

das Land
Mein Land heißt
Deutschland.

landen
Das Flugzeug landet
auf der Landebahn.

die Landkarte
Die Landkarte
zeigt die USA.

die Landschaft
Tante Lilly malt
eine Landschaft.

lang
Tim hat einen langen
und schweren Stock.

Ich habe einen langen
Schulweg, aber Martins
Schulweg ist noch
länger. *(weit entfernt)*

lange

Auf den Brief von meiner Tante habe ich lange gewartet.

Bis zu meinem Geburtstag ist es noch lange hin.

die Länge

Der Verkehr staut sich auf einer Länge von fünf Kilometern. *(Ausdehnung)*

langsam

Die Schnecke kommt langsam voran. *(nicht schnell)*

Ich habe langsam keine Lust mehr zu warten. *(mittlerweile)*

L

langweilig

Dieses Buch ist langweilig!

der Lärm

Bei dem Lärm kann ich nichts verstehen!

lassen

Lässt du mich mitspielen?

Ich lasse meine Tasche in der Schule.

die Last

Es ist erstaunlich, welche Lasten die kleinen Ameisen tragen.

lästig

Das ständige Geräusch ist lästig.

der Lastwagen

Der Lastwagen hilft beim Umzug.

die Laterne

Wir haben unsere Laternen selbst gebastelt.

das Laub

Sam tobt gerne im Laub.

der Laubbaum

Die Laubbäume verlieren im Herbst ihre Blätter.

laufen

laufen
Sam läuft schneller als Ben.

laut
Kannst du dieses Lied bitte lauter machen!

läuten
Am Sonntag läuten die Glocken.

Es läutet gleich, die Stunde ist um.

leben
Eisbären leben am Nordpol.

das Leben
Das Ende des Lebens ist der Tod.

Meine Oma hat ein interessantes Leben gehabt.

Da ist aber Leben in der Klasse. *(Trubel, Wirbel)*

die Lebensmittel
Ohne Lebensmittel können wir nicht leben.

das Leder
Leder wird aus Tierhäuten gemacht.

leer
Die Flasche ist leer.

legen
Hühner legen Eier.

Wenn ich mich ins Bett lege, ziehe ich die Decke über die Ohren.

der Lehrer, die Lehrerin
Herr Abraham ist unser Lehrer in Sport.

leicht
Die Mathearbeit war leicht. *(einfach)*.

Ich bin drei Kilo leichter als meine Freundin. *(weniger wiegen)*

das Leid
Wenn jemand ein Leid erlebt, ist ihm etwas Schlimmes passiert.

Im Krieg erleben die Menschen viel Leid.

L

leiden
Die alte Dame leidet
unter der Hitze.

leidtun
Es tut mir leid, dass ich
dich gestoßen habe.

leihen
Kannst du mir einen
Bleistift leihen?

leise
Sei bitte leise!
Das Baby schläft!

die Leiter
Die Hühner sitzen
auf der Leiter.
Wir haben zwei Leitern.

lernen
Tim lernt schwimmen.
Ich habe das Lied
auswendig gelernt.

lesen
Lies bitte ganz langsam.
Welche Geschichte soll
ich denn lesen?

letzte
Der letzte Bus fährt
um sieben Uhr.
Letzte Woche
war ich krank.

leuchten
Auf dem Land leuchten
die Sterne viel heller als
in der Stadt.

der Leuchtturm
Der Leuchtturm hat ein
helles grünes Licht.

die Leute
Da sind viele Leute
auf der Straße.

das Lexikon
Ich habe ein Lexikon
über Tiere.

das Licht
Wir müssen das Licht ausmachen! Es ist schon spät.

lieb
Ich habe meine Mama lieb.
Man kann nicht immer lieb sein.

lieben
Mia liebt ihr Kätzchen Kitty.
Was man besonders gern hat, liebt man.

der Liebling
Mein Lieblings-kleid ist pink.

das Lied
Ich kann das Lied mitsingen.
Wir haben die Lieder lange geübt.

liegen
Sam liegt auf der Couch.
Liegst du schon im Bett?

der Liegestuhl
Papa ruht sich im Liegestuhl aus.

der Lift
Wir fahren mit dem Lift in den dritten Stock.
(Fahrstuhl)

lila
Mias lila Pullover kratzt.

die Limonade
Die Limonade ist schön kalt, weil Eis darin ist.

das Lineal
Das Lineal ist 30 Zentimeter lang.

die Linie
Es ist schwer, eine gerade Linie zu malen.

links

Das Schild zeigt
nach links.

die Lippe

Mama malt ihre Lippen
mit dem Lippenstift an.

die Liste

Mama hat auf die Liste
geschrieben, was Ben
für sie einkaufen soll.

der Liter

In der Milchflasche
ist ein Liter Milch.

der Lkw

Lkw ist die Abkürzung
von Lastkraftwagen.

das Lob

Wer ein Lob bekommt,
hat seine Sache gut
gemacht.

loben

Mama lobt mich, wenn
ich ihr in der Küche
helfe.

das Loch

Der Ball ist in
das Loch gefallen.

die Locken

Susie hat Locken.

lockig

Susie hat lockige Haare.

der Löffel

Es ist schwer, Spaghetti
mit einem Löffel zu
essen.
Die Löffel gehören
zum Besteck.

die Lokomotive

Die Lokomotive
zieht den Zug.

L

los

Was ist denn
bei euch los?

löschen

Ein größeres Feuer kann
nur die Feuerwehr
löschen.

lösen

Mein Schuhband
hat sich gelöst.

Wir haben das Rätsel
tatsächlich gelöst.

losfahren

Wie wollen um drei Uhr
losfahren.

loslassen

Du musst die
Hand loslassen.

die Lösung

Die Lösung ist das
Ergebnis einer Aufgabe.

der Löwe,
die Löwin

Der Löwe lebt
gerne allein.
Die Löwinnen tun sich
lieber zusammen.

die Luft

Der Reifen verliert Luft.
Mama holt tief Luft.

der Luftballon

Lisa bläst den
Luftballon auf.

lügen

Wer dreimal lügt, dem
glaubt man nicht. Das
ist ein Sprichwort.

die Lust

Ich habe heute Lust
auf Schwimmen.

lustig

Papa hat einen
lustigen Hut auf.

M

machen
Tante Lilly macht
Pfannkuchen.

Wir machen unsere
Hausaufgaben in
der Schule.

das Mädchen
Viele Mädchen lieben
die Farbe Pink.

der Magen
Im Magen wird unser
Essen verdaut.

Ich habe Hunger!
Mein Magen knurrt.

mager
Wenn der Schinken kein
Fett hat, ist er mager.

der Magnet
Magneten ziehen Dinge
an, die aus Eisen sind.

mähen
Im Sommer müssen
wir den Rasen mähen.
Im Winter wächst
kein Gras.

der Mai
Im Mai blühen
die Bäume.

der Mais
Aus Mais kann man
Popcorn machen.

mal
Kann ich mal dein
Fahrrad haben?

malen
Wir malen viel im
Kunstunterricht.

der Maler,
die Malerin
Picasso war ein
berühmter Maler.

man
Zum Malen braucht
man einen Pinsel
oder Buntstifte.

manche
Manche Leute essen
kein Fleisch. *(einige)*

manchmal
Opa geht manchmal
in die Sauna.

die Mandarine
Mandarinen sehen aus
wie kleine Apfelsinen.

der Mann
Kennst du den Mann?

der Mantel
Der Clown trägt
einen langen Mantel.

das Mäppchen
Die Stifte und Bleistifte
sind im Mäppchen.

das Märchen
Ich finde manche
Märchen ein bisschen
gruselig.

der Marienkäfer
Der Marienkäfer hat
schwarze Punkte.

der Markt
Auf dem Markt gibt
es frisches Gemüse.

die Marmelade
Die Marmelade ist aus
Kirschen gemacht.

der Mars
Der Mars ist ein Planet.

der März
Im März blühen
die Osterglocken.

die Maschine
Die Maschine
ist sehr laut.

die Masern
Ich bin gegen
Masern geimpft.

die Maske

Wir haben uns eine
lustige Maske gemacht.

M

die Mathematik
Mathematik ist Lisas
Lieblingsfach.

die Matratze
Das Bett hat eine
weiche Matratze.

der Matsch

Tim spielt gern
im Matsch.

die Mauer
Die Mauer ist aus
Ziegelsteinen gebaut.

das Maul
Das Pferd hat eine
Blume im Maul.

der Maulwurf

Der Maulwurf macht
einen Maulwurfshügel.

die Maus

Da sitzt eine Maus
unter dem Auto!
Die Maus von meinem
Computer ist kaputt.

das Medikament

Medikamente kriegt
man in der Apotheke.

das Meer

Wir wohnen in einem
Ferienhaus am Meer.

das Mehl
Wir brauchen
300 Gramm
Mehl für den
Kuchen.

mehr
Ich habe keine
Lust mehr!
Ich möchte
bitte mehr Butter.

mehrere
Katzen kriegen
mehrere Junge.

M

die Mehrzahl
Die Mehrzahl von
Baum ist Bäume.

mein, meine
Mein Bruder und
meine Schwester sind
meine Geschwister.

meistens
Ich gehe meistens
um neun Uhr ins Bett.

melden
Wer etwas zu sagen
hat, der meldet sich.

die Melodie
Das Lied hat eine
schöne Melodie.

die Melone
Die Melone ist
groß und saftig.

die Mensa
Lisa und Susie essen
Mittag in der Mensa.

der Mensch
Da sind viele Menschen
auf der Straße.

messen
Wir messen mit
dem Thermometer
die Temperatur.

das Messer
Das Steak esse ich mit Messer und Gabel.

der Meter
100 Zentimeter sind ein Meter.

die Miete
Wer kein eigenes Haus hat, zahlt Miete.

M

mieten
Die Wohnung kannst du mieten.

das Mikrofon
Der Sänger benutzt ein Mikrofon.

die Mikrowelle
Mama wärmt die Suppe in der Mikrowelle auf.

die Milch
Die Kühe geben uns Milch.

der Millimeter
Zehn Millimeter sind ein Zentimeter.

1.000.000

die Million

mindestens
Ich muss mindestens zweimal am Tag meine Zähne putzen. *(wenigstens)*

minus
4 minus 2 ist 2. *(weniger)*

die Minute
Eine Minute hat 60 Sekunden.

In dieser Minute ist der Zug eingefahren. *(eben)*

der Mist
Der Mist stinkt.

mit
Tante Lilly geht
mit Carl ins Kino.
Wir fahren mit dem
Zug in die Ferien.

miteinander
Wir haben miteinander
Karten gespielt.
(zusammen)

M

das Mitleid
Wenn jemand traurig
ist, habe ich Mitleid.
(fühle ich mit)

mitnehmen
Vergiss nicht,
die Sonnenmilch
mitzunehmen.

das Mittagessen
Zum Mittagessen
gibt es Fisch.

mittags
Wir haben mittags frei.

die Mitte
Der lauteste Vogel
sitzt in der Mitte.

mitten
Der Fahrradfahrer fährt
mitten auf der Straße.

die Mitternacht
Um Mitternacht kommt
das kleine Gespenst.

der Mittwoch
Mittwoch ist der
Tag vor Donnerstag.

mixen
Ich mixe das Wasser
mit Apfelsaft.

die Möbel

Die Möbel in meinem Kinderzimmer habe ich von meiner Tante geerbt.

mögen

Magst du lieber Reis oder Nudeln?

Ich mag keine sauren Gurken.

möglich

Ist es möglich, dass du heute zu mir kommst? *(kannst du)*

M

die Möglichkeit

Wir haben die Möglichkeit zu schwimmen. *(wir können)*

der Moment

Kannst du einen Moment warten?

In diesem Moment klingelt es. *(genau jetzt)*

der Monat

Das Jahr hat zwölf Monate.

der Mond

Der Mond ist hinter einer Wolke.

der Montag

Am Montag beginnt die Woche.

morgen

Wir wollen morgen ins Theater gehen.

der Morgen

Am Morgen geht die Sonne auf.

morgens

Im Winter ist es morgens lange dunkel.

das Mosaik

Das Mosaik ist ein Muster aus vielen verschiedenen Steinen.

die Moschee

In der Moschee beten die Moslems.

der Moslem

Die Eltern von Kaya sind Moslems.

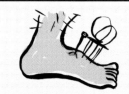

der Motor

Der Motor treibt das Auto an.

Es gibt auch Fahrräder, die Motoren haben.

M

das Motorrad

Das Motorrad ist zu laut.

die Möwe

Die Möwe fliegt über das Meer.

die Mücke

Die Mücke hat mich gestochen!

müde

Mia ist zu müde zum Spielen.

die Mühle

Früher wurde das Mehl in einer Mühle gemahlen.

der Müll

Der Müll wird von einem Müllauto abgeholt.

der Mülleimer

Der Mülleimer ist voll! Bitte leere ihn aus.

der Mund

Das Baby hat einen Schnuller im Mund.

die Münze

Geld besteht aus Münzen und Scheinen.

Das ist eine ganz alte Münze.

die Muschel
Lisa sammelt Muscheln am Strand.

das Museum
Im Museum kann man eine Mumie sehen.

die Musik
In Musik üben wir die Tonleiter.
Ich höre gerne Musik.

M

die Musikanlage
Zu einer Musikanlage gehören auch Lautsprecher.

das Müsli
Zum Frühstück gibt es Müsli.

müssen
Wir müssen warten, bis die Tür aufgeht.
Ich muss dringend auf die Toilette gehen.

das Muster
Das Tigerfell hat ein schönes Muster.

der Mut
Wenn sich jemand etwas traut, hat er Mut.

mutig
Ben ist mutig vom Einmeterbrett gesprungen.

die Mutter
Henrys Mutter ist Polizistin.

der Muttertag
Zum Muttertag male ich Mama ein schönes Bild.

die Mütze
Carl trägt eine Mütze aus Wolle.

na

Na, wie geht
es dir? *(hallo)*

der Nabel

Der Nabel ist mitten
auf dem Bauch.

nach

Das Schild zeigt
nach links.

Nach der Schule
essen wir Mittag.

Ich bin nach dir dran.

N

der Nachbar,
die Nachbarin

Unsere Nachbarn
winken herüber.

nachdenken

Ich muss darüber
nachdenken.

die Nachhilfe

Wenn jemand Hilfe bei
den Aufgaben braucht,
nimmt er Nachhilfe.

---

der Nachmittag

Am Nachmittag macht
Lisa Hausaufgaben.

nachmittags

Wir haben nachmittags
keine Schule.

der Nachname

Der Nachname ist
der Familienname.

---

die Nachrichten

In den Nachrichten
erfährt man, was in
der Welt passiert.

die Nachspeise

Meine liebste
Nachspeise ist
Wackelpudding.

die Nacht

In der Nacht ist es
dunkel. Im Winter
sind die Nächte länger
als im Sommer.

nackt

Das Baby hat nackte Füße.

die Nadel

Die Nadel ist spitz. Bäume mit Nadeln heißen Nadelbäume.

der Nadelbaum

Kiefern, Tannen und Fichten sind Nadelbäume.

der Nagel

Papa schlägt mit dem Hammer auf den Nagel.

nagen

Sam nagt an dem Knochen.

nah

Das Gewitter ist ganz nahe. *(kommt bald)*

Ich wohne ganz nahe an der Kirche. *(bei)*

N

die Nähe

Ich wohne in der Nähe der Kirche.

nähen

Mama hat sich selbst ein Kleid genäht.

die Nahrung

Menschen und Tiere brauchen gesunde Nahrung.

der Name

Wie spricht man deinen Namen aus?

die Narbe

Ich habe eine kleine Narbe an der Hand.

naschen

Ich nasche ein bisschen Schokolade.

die Nase
Rentier Rudolph hat
eine rote Nase.

das Nashorn
Die Nashörner
leben in Afrika.

nass
Meine neuen Schuhe
sind nass, weil es
draußen regnet.

N

die Nässe
Das Regendach
schützt vor Nässe.

die Natur
Zur Natur gehören die
Tiere, die Pflanzen, die
Erde und das Meer.

natürlich
Der Urwald ist ein
natürlicher Wald.
*(nicht vom Menschen
angelegt)*
Ich komme natürlich
mit. *(auf jeden Fall)*

der Nebel
Bei Nebel fährt
Papa vorsichtig.
Nebel ist feuchte Luft.

neben
Sam sitzt neben
der Couch.
Unsere Schule steht
neben dem Kinder-
garten.

neblig
Wenn es neblig ist,
müssen die Autos
langsamer fahren.

nehmen
Ben nimmt sich ein
Steak vom Grill.

nein
Nein, ich komme
nicht mit!

nennen
Kannst du bitte deinen
Namen nennen?

nervös
Wer unruhig ist,
der ist nervös.

das Nest
Da sitzen drei kleine
Vögel im Nest.

nett
An der Kasse sitzt eine
nette Verkäuferin.

das Netz
Die Spinne wartet
in ihrem Netz.

das Netzwerk
Im Netzwerk sind alle
miteinander verbunden.

neu
Tante Lilly kauft
neue Schuhe.

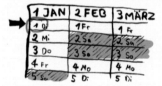

Neujahr
Neujahr ist der
erste Tag im Jahr.

neulich
Wir haben neulich Eis
gegessen. *(vor kurzer
Zeit)*

9

neun

19

neunzehn

90

neunzig

nicht
Ich habe das
nicht gewusst.

nichts
Da ist nichts in der Kiste. Sie ist leer.

nicken
Ich nicke, wenn ich einverstanden bin. *(ich stimme zu)*

nie
Ich war noch nie in Berlin. *(zu keiner Zeit)*

N

niedlich
Kleine Küken. Wie niedlich!

niemals
Man soll niemals ohne Helm Fahrrad fahren. *(auf keinen Fall)*

niemand
Niemand wartet auf den Bus.

niesen
Herr Abraham muss niesen.

der Nikolaus
Der Nikolaus kommt am 6. Dezember.

das Nilpferd
Nilpferde sind gerne im Wasser.

noch
Ich habe meine Hausarbeiten noch nicht fertig.

Papa ist ziemlich groß, aber Onkel Albert ist noch größer.

der Norden
Der Wind kommt aus dem Norden.

der Nordpol
Der Nordpol liegt in der Arktis.

normal

Es ist normal, dass Kinder früh ins Bett gehen müssen.

die Note

Kannst du die Noten lesen?

Meine beste Note habe ich in Sport.

das Notebook

Das Notebook steht auf dem Schreibtisch.

Ein Notebook ist ein flacher Computer.

der November

Im November ist es oft neblig.

die Nudel

Nudeln esse ich am liebsten mit Tomaten-soße.

die Nummer

Jedes Buch in der Bücherei hat eine Nummer.

N

nun

Ich gehe nun in die dritte Klasse. *(jetzt)*

Von nun an haben wir Englisch in der Schule. *(ab jetzt)*

nur

Es sind nur noch drei Tage bis zu meinem Geburtstag.

die Nuss

Das Eichhörnchen knackt die Nuss.

nutzen

Wir nutzen die Brücke, um über den Fluss zu kommen.

nützen

Es nützt nichts, wenn du dich beeilst. Der Zug ist schon weg.

nützlich

Schnur, Klebeband und Bleistifte sind alles sehr nützliche Dinge.

ob

Ich bin gespannt, ob ich heute Post bekommen habe.

oben

Tante Lilly wohnt oben.

das Oberteil

Eine Bluse ist ein Oberteil.

das Obst

Kinder sollten viel Obst essen.

oder

Magst du lieber Kirschen oder Himbeeren?

der Ofen

Früher wurden alle Häuser mit Öfen geheizt.

O

offen

Das Fenster ist offen.

öffentlich

Das ist eine öffentliche Toilette.

offline

Wenn ich offline bin, kann ich nicht ins Internet.

öffnen

Sam versucht, die Tür zu öffnen.

oft

Ich bin schon oft allein zum Einkaufen gegangen. *(viele Male)*

Oh!

Oh! Das tut mir leid!

ohne
Tim kann ohne seinen
Teddy nicht einschlafen.

das Ohr
Der Junge trägt
einen Ring am Ohr.

der Oktober
Am 31. Oktober
ist Halloween.

das Öl
Wir heizen mit Öl.

die Olive
Oliven haben
einen Kern.

die Olympiade
Es gibt alle vier Jahre
eine Olympiade.

die Oma
Meine Oma heißt Ruth.

der Onkel
Onkel Albert ist Mias
und Tims Vater.

online
Mama ist online,
sie ist im Internet.

der Opa
Mein Opa heißt Peter.

die Orange
Ich hätte bitte gerne
drei Orangen und zwei
Äpfel.

orange
Die Orange ist orange.

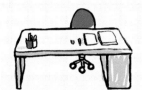

das Orchester
Im Orchester spielen viele Musiker zusammen.

ordentlich
Der Schreibtisch sieht ordentlich aus.

der Ordner
Im Ordner sammeln wir unsere Arbeitsblätter.

die Orgel
In der Kirche gibt es eine große Orgel.

der Orkan
Der Orkan ist ein stürmischer Wind.

der Ort
Der Ort, aus dem Papa kommt, ist ein kleines Dorf.

O

der Osten
Der Wind kommt heute aus Osten.

das Osterei
Die Ostereier sind in einem Nest.

die Osterferien
Die Osterferien beginnen meistens im April.

die Osterglocken
Im Frühling blühen die gelben Osterglocken.

der Osterhase
Kleine Kinder glauben, dass der Osterhase die Eier bringt.

Ostern
Zu Ostern gehen viele Leute in die Kirche.

paar
Lisa hat ein paar
Muscheln gesammelt.
(einige)

das Paar
Ich brauche ein
Paar neue Schuhe.
*(zwei, die zusammen-
gehören)*

das Päckchen
Ein kleines Paket
nennt man Päckchen.

packen
Bevor es losgeht, wird
der Koffer gepackt.

die Packung
Ich hätte gern eine
Packung Kekse.

das Paket
Das Paket ist heute
angekommen.

der Papa
Papa grinst.

der Papagei
Ein Papagei kann
sprechen lernen.

das Papier
Das Schiff ist aus
Papier gemacht.

Kannst du mir ein
Blatt Papier geben?

die Paprika
Ich habe rote und grüne
Paprika gekauft.

der Park
Können wir heute
in den Park gehen?

parken
Das Auto parkt
im Halteverbot.

die Party
Zu meinem Geburtstag darf ich eine Party feiern.

der Pass
An der Grenze müssen wir unseren Pass zeigen.

passen
Das T-Shirt passt nicht.

passieren
Warum weint das Kind? Was ist passiert? *(geschehen)*

die Pause
In der Pause esse ich mein Brot.

der Pfannkuchen
Ich möchte gerne Pfannkuchen mit Marmelade essen.

PQ

der Pfeffer
Kann ich bitte den Pfeffer haben?

pfeifen
Ben pfeift mit den Fingern im Mund.

das Pferd
Das Pferd hat eine schwarze Mähne.

der Pfirsich
Im Sommer schmecken die Pfirsiche schön süß.

die Pflanze
Die Pflanze muss gegossen werden.

pflanzen
Wir pflanzen Blumen im Garten.

das Pflaster
Ich brauche ein Pflaster!
Ich habe mir in den
Daumen geschnitten.

pflegen
Ich pflege die Blumen in
meinem Zimmer ganz
allein.

die Pfote
Sam leckt seine Pfote.

das Pfund
500 Gramm
sind ein Pfund.

die Pfütze
Tim springt in die Pfütze.

das Picknick
Morgen machen wir
ein Picknick im Park.

P Q

piksen
Die Nadel pikst.

der Pilot
Carl ist von Beruf Pilot.

der Pilz
Pilze wachsen im Wald.

der Pinguin
Pinguine leben
am Südpol.

der Pinsel
Kann ich bitte auch
einen neuen Pinsel
haben?

der Pirat
Piraten sind Seeräuber.

die Pizza
Ich möchte eine Pizza mit Salami!

das Plakat
Das ist ein Kinoplakat.

planschen
Henry planscht in der Badewanne.

plappern
Ich kann nichts verstehen, wenn ihr so viel plappert.
(schwatzen)

das Plastik
Die Ente ist aus Plastik.

der Platz
Mein Platz ist besetzt!
Auf dem Platz stehen viele Menschen.

plötzlich
Ich habe plötzlich Angst bekommen.
(in diesem Moment)

der Po
Autsch! Ich bin auf meinen Po gefallen.

die Polizei
Bei der Polizei arbeiten Polizisten und Polizistinnen.

die Pommes
Kinder essen gerne Pommes mit Ketchup.

das Porte-monnaie
Das Geld ist im Portemonnaie.

die Post
Papa bringt ein Paket zur Post.
Ich bekomme gern Post.

der Postbeamte
Der Postbeamte stempelt den Brief.

die Postkarte
Die Postkarte kommt aus Venedig.

der Preis
Der Preis steht auf dem Preisschild.

Für den besten Sänger gibt es einen Preis. *(eine Auszeichnung)*

der Prinz, die Prinzessin
Der Prinz war böse. Aber wo ist die Prinzessin?

probieren
Papa probiert den Kuchen. *(testet)*

das Problem
Opa hat ein Problem, weil seine Brille kaputt ist.

P Q

produzieren
In einer Schuhfabrik werden Schuhe produziert.

das Programm
Das Programm ist der Ablauf einer Veranstaltung.
Es gibt auch Computer-programme.

prüfen
Oma prüft ihr Gewicht.

der Pullover
Ich ziehe einen Pullover an, weil ich friere.

die Puppe
Mia wäscht ihre Puppe.

putzen
Ich putze mir zweimal am Tag die Zähne.

quaken

Im Sommer quaken die Frösche im Teich.

quälen

Wer sich sehr anstrengen muss, der quält sich.

die Qualle

Quallen sind glibberige Meerestiere.

der Quark

Ich esse Quark am liebsten mit Erdbeeren.

der Qualm

Aus dem Schornstein kommt dicker Qualm.

der Quatsch

Susie macht Quatsch mit dem Affen. *(Unsinn)*

PQ

quatschen

Wer zu viel quatscht, redet zu viel.

die Quelle

Die Quelle ist der Anfang eines Flusses.

quer

Die Stühle stehen kreuz und quer. *(durcheinander)*

quieken

Kleine Ferkel quieken.

quietschen

Kleine Kinder quietschen vor Freude.

das Quiz

Ein Quiz ist ein Ratespiel.

das Rad

Lisa fährt mit dem
Rad zur Schule.
Das Motorrad
hat zwei Räder.

radieren

Das ist falsch!
Das radiere ich
weg.

der Radiergummi

Kann ich mir bitte
deinen Radiergummi
leihen?

das Radio

Ich höre gerne das
Kinderprogramm
im Radio.

rascheln

Ein Igel raschelt
im Laub.

der Rasen

Ich muss schon wieder
den Rasen mähen.

raten

Huhu! Rate mal,
wo ich bin.

das Rätsel

In dem Rätsel soll man
Tiernamen erraten.

die Ratte

Mein Freund hat
eine weiße Ratte.

rauf

Kommt mal rauf! Von
hier oben hat man
eine gute Aussicht.

der Raum

Der Raum ist groß
genug zum Toben.

die Raupe

Aus der Raupe
wird einmal ein
Schmetterling.

R

rechnen
Ich rechne das
schnell im Kopf aus.

der Rechner
Computer werden auch
Rechner genannt.

die Rechnung
Auf der Rechnung steht,
was wir ausgegeben
haben.

das Rechteck
Ein Rechteck
hat vier Ecken.

rechts
Das Schild zeigt
nach rechts.

das Reck
Ich hänge gerne
kopfüber am Reck.

reden
Kann ich mit dir reden?

das Regal
Papa baut ein Regal.

die Regel
Beim Schachspiel muss
man sich an die Regeln
halten.

der Regen
Der Regen tropft
auf Opas Kappe.

der Regenbogen
Über unserem Haus ist
ein wunderschöner
Regenbogen.

der Regenschirm
Nimm den Regenschirm
mit! Es wird regnen.

regnen
Es regnet schon wieder!

das Reh
Das Reh springt über den Baumstamm.

reich
Wer viel Geld hat, ist reich.
Der Tisch ist reich gedeckt. *(üppig)*

reif
Die reifen Kirschen schmecken am besten.

die Reihe
Wenn wir uns nebeneinander-stellen, entsteht eine lange Reihe.

der Reis
Mia schüttet den Reis ins kalte Wasser.

reisen
Wir reisen gerne ans Meer.

reißen
Das Papier reißt, wenn es zu dünn ist.

reiten
Viele Mädchen wollen gerne reiten.

rennen
Sam kann schnell rennen.

das Rennen
Das Rennen beginnt.

reparieren
Papa zeigt mir, wie man das repariert.

das Restaurant

In dieses Restaurant geht Mama am liebsten.

richtig

Deine Antwort ist richtig!

die Richtung

Wenn du zum Bahnhof willst, musst du in die andere Richtung gehen. *(da entlang)*

riechen

Das riecht gut!

riesig

Was für eine riesige Welle!

der Ring

Den Ring hat mir meine Tante geschenkt.

der Riss

Meine neue Hose hat einen Riss.

der Ritter

Der Ritter trägt eine Rüstung.

der Roboter

Manche Roboter bewegen sich wie Menschen.

der Rock

Ich mag meinen Schulrock nicht.
Der Rock der Schotten heißt „Kilt".

rodeln

Wer rodeln will, braucht einen Schlitten.

rollen

Die Kugel rollt schneller als der Ball.

rosa
Mia liebt rosa T-Shirts.

die Rose
Vor dem Haus wachsen Rosen.

rot
Wenn ich groß bin, fahre ich ein rotes Auto.

der Rücken
Papa hat viel im Garten gearbeitet und jetzt tut sein Rücken weh.

die Rücken-schmerzen
Papa hat Rücken-schmerzen.

der Rucksack
Ich trage alle meine Schulbücher in meinem Rucksack.

rufen
Rufst du mal den Hund?

die Ruhe
Wenn Papa Ruhe braucht, will er allein sein.

ruhig
Im Wald ist es schön ruhig.

rund
Die Erde ist rund und dreht sich um die eigene Achse.

die Rutsche
Die Rutsche ist auf dem Spielplatz.

rutschen
Sam rutscht die Rutsche herunter.

der Saal
Ein Saal ist ein
großer Raum.

die Sache
Eine Sache kann
ein Gegenstand sein.
Packt eure Sachen ein!

Sachkunde
In Sachkunde
untersuchen
wir einen Teich.

S

der Sack
Wie viele Kartoffeln
sind in dem Sack?

der Saft
Der Saft schmeckt
köstlich.

sagen
Mama sagt, du sollst
nach Hause kommen!

die Sahne
Die Sahne wird steif,
wenn sie geschlagen
wird.

der Salat
Opa macht einen
Tomatensalat.

das Salz
Die Suppe schmeckt
salzig, wenn zu viel
Salz drin ist.

der Samen
Jede Pflanze ist
aus einem Samen
entstanden.

sammeln
Opa sammelt
Briefmarken.
Lisa sammelt
Muscheln.

die Sammlung
Er hat schon eine
riesige Sammlung.

der Samstag
Am Samstag haben
wir schulfrei.

der Sand
Das Baby krabbelt
im Sand.

die Sandale
Im Sommer habe ich in
der Schule Sandalen an.

das Sandwich
Ich möchte ein
Sandwich mit Käse.

sanft
Ich gehe mit meinem
kleinen Bruder ganz
sanft um. *(vorsichtig,
zart)*

**der Sänger,
die Sängerin**
Sänger müssen eine
gute Stimme haben.

satt
Das Essen war lecker.
Jetzt bin ich aber satt.

der Satz
Der einfachste Satz
besteht aus zwei
Wörtern.

sauber
Das Badezimmer
ist schön sauber!

saugen
Das Baby saugt
an Mamas Brust.

die Sauna
Opa geht gern
in die Sauna.

sausen
Der Schlitten saust
den Hügel herunter.

das Saxofon
Carl spielt Saxofon.

die Schachtel
In der Schachtel sammelt Oma Knöpfe.

schade
Es ist schade, dass du nicht mitkommen kannst. *(tut mir leid)*

der Schaden
Bei dem Unfall ist ein Schaden entstanden.

das Schaf
Das Schaf hat zwei Lämmer.

schaffen
Das ist viel zu viel. Das können wir nicht schaffen. *(fertigbringen)*

Der Künstler hat ein Bild geschaffen. *(gestaltet)*

der Schal
Oma strickt einen langen bunten Schal.

die Schale
In der Schale ist Pudding. *(Schüssel)*

Die Orange hat eine dicke Schale. *(Haut)*

schälen
Oma schält die Kartoffeln.

schalten
Papa schaltet in den dritten Gang.

der Schalter
Der Schalter für das Licht ist neben der Tür.

scharf
Sei vorsichtig! Das Messer ist scharf. *(spitz)*

Die Suppe ist viel zu scharf. *(zu würzig)*

der Schatten
Wenn die Sonne tief steht, werden die Schatten immer länger.

die Schaufel
Mit der Schaufel kann man große Löcher graben.

die Schaukel
Mia sitzt auf der Schaukel.

schaukeln
Auch Lisa schaukelt gerne.

der Schauspieler, die Schauspielerin
Die Schauspielerin spielt eine Königin.
Schauspieler arbeiten am Theater oder beim Film.

scheinen
Im Sommer scheint die Sonne viel länger als im Winter.

schenken
Ich schenke Papa ein Bild.

die Scherbe
Vorsicht! Da liegen Scherben auf der Straße.

die Schere
Die Schere schneidet super!

der Scherz
Wer einen Scherz macht, bringt andere zum Lachen.

schicken
Wenn Mama zu spät kommt, schickt sie uns eine E-Mail.

schieben
Die Frau schiebt den Kinderwagen.

S

schief
Das Bild hängt schief.

schießen
Ben schießt den Ball ins Tor.

das Schiff
Das Schiff heißt „Seemöwe".

S

das Schild
Auf dem Schild steht „Baden verboten".

die Schildkröte
Schildkröten haben kurze Beine.

der Schimpanse
Schimpansen sind sehr kluge Tiere.

---

schimpfen
Wenn ich heute zu spät komme, wird Papa schimpfen.

der Schinken
Ich möchte ein Sandwich mit Schinken, bitte!

der Schirm
Mit einem Schirm kann man sich vor Regen und vor Sonne schützen.

---

der Schlafanzug
Papa hat seinen Schlafanzug an.

schlafen
Es macht Spaß, im Zelt zu schlafen.

schlaff
Der kaputte Luftballon ist ganz schlaff.

der Schlafsack

Ich schlafe heute
im Schlafsack.

das Schlafzimmer

Der Hund darf nicht
ins Schlafzimmer!

schlagen

Papa schlägt mit
dem Hammer einen
Nagel in die Wand.
Der Tennisspieler
schlägt den Ball ins Aus.

S

die Schlange

Die Schlange hat eine
lange Zunge. *(Tier)*
Die Passagiere stehen
Schlange am Check-in-
Schalter. *(lange Reihe)*

schlank

Wer nicht dick
ist, ist schlank.

schlau

Affen sind schlaue Tiere.

schlecht

Wer schlechte Karten
hat, verliert das Spiel.
Die Idee ist nicht
schlecht.

die Schleife

Dein Schuh ist auf.
Du musst die Schleife
binden.

schließen

Herr Miller
schließt die Tür.

schlimm

Das hat nur ein bisschen
wehgetan. Es war nicht
so schlimm. *(hart)*

der Schlitten

Mia rast auf ihrem
Schlitten den Hügel
hinunter.

der Schlittschuh

Schlittschuhe
haben Kufen.
Schlittschuh laufen
macht Spaß!

143

das Schloss

Das Schloss steht auf einem Hügel.

Die Tür hat ein uraltes Schloss.

der Schluss

Der Schluss ist das Ende.
Zum Schluss gibt es Eis.

der Schlüssel

Das ist mein Haustürschlüssel.

S

schmal

Ein schmaler Weg ist eng.

schmecken

Mmmh. Das schmeckt köstlich.

der Schmerz

Der Schmerz war nur kurz.

schmerzen

Aua, das schmerzt!
(*tut weh*)

der Schmetterling

Der schöne Schmetterling ist blau und rot.

schminken

Ich schminke mir ein Katzengesicht.

schmücken

Mama schmückt den Tisch.

der Schmutz

Wer mit dreckigen Schuhen ins Haus geht, bringt viel Schmutz mit.

schmutzig

Henry hat schmutzige Füße.

der Schnabel
Der Specht hat einen spitzen Schnabel.

die Schnecke
Die Schnecke kommt ganz langsam voran.

der Schnee
Der Schnee ist so weiß, dass es blendet.

S

der Schneeball
Die Kinder werfen Schneebälle.

die Schneeflocke
Tim hat Schneeflocken im Haar.

der Schneemann
Der Schneemann hat eine Möhrennase.

schneiden
Der Friseur schneidet Tim die Haare.
Ich schneide mir eine Scheibe Brot ab.

schneien
Es schneit!

schnell
Der Gepard ist das schnellste Landtier.

die Schnur
An der Schnur hängen Perlen.

der Schnurrbart
Der Kellner hat einen Schnurrbart.

die Schokolade
Wie viele Tafeln Schokolade kannst du sehen?

145

schon

Ich bin schon
groß genug! *(längst)*

Habt ihr schon eure
Hausaufgaben fertig?
(bereits)

schön

Das ist ein schönes
Lied! *(angenehm)*

Es ist schön, wenn
wir zusammen
spielen. *(gut)*

Morgen gibt es schönes
Wetter. *(heiter, sonnig)*

der Schornstein

Der Weihnachtsmann
kommt durch den
Schornstein und bringt
den Kindern Geschenke.

der Schrank

Die Tassen sind
im Schrank.

die Schranke

Vor der Schranke
müssen wir anhalten.

der Schreck

Als der Hund loslief,
habe ich einen Schreck
gekriegt.

schrecklich

Das hat schrecklich
lange gedauert.
(viel zu lange)

Das ist eine schreckliche
Geschichte. *(keine gute)*

schreiben

Lisa schreibt eine E-Mail.

der Schreibtisch

Das Notebook steht
auf dem Schreibtisch.

schreien

Das Baby schreit, weil
es seinen Schnuller
verloren hat.

die Schrift

Meine Schrift ist nicht
besonders schön.

der Schuh

Opa putzt seine Schuhe.

S

das Schuh-geschäft
Tante Lilly ist im Schuhgeschäft.

die Schule
In der Schule stehen wir am Anfang der Stunde auf.

der Schüler, die Schülerin
In England tragen Schüler eine Schul-uniform.

der Schulhof
Auf dem Schulhof können wir Tischtennis spielen.

die Schulklasse
Wir haben mehrere Computer in unserer Schulklasse.
In Bens Schulklasse sind 24 Kinder.

die Schultasche
Manche Kinder haben Rucksäcke statt Schul-taschen.

die Schulter
Das Baby sitzt auf Papas Schultern.

schummeln
Karl schummelt öfter beim Spielen.

schützen
Der Fahrradhelm schützt den Kopf.

der Schwamm
Tim wäscht sein Gesicht mit dem Schwamm.

der Schwan
Schwäne haben einen langen Hals.

schwarz
Die Katze ist schwarz.

S

schwatzen

Lisa und Susie
schwatzen gerne
in der Schule.

schweigen

Wer schweigt,
der sagt nichts.

das Schwein

Mein Glücksbringer ist
ein kleines goldenes
Schwein.

schwer

Bens Schulranzen
ist viel zu schwer!
(zu viel Gewicht)
Die Aufgabe 192:12 ist
schwer. *(kompliziert)*

das Schwert

Tims Schwert
ist aus Holz.

die Schwester

Mia ist Tims Schwester.

schwierig

Das ist keine schwierige
Matheaufgabe.

das Schwimmbad

Im Schwimmbad gibt
es ein Babybecken.

schwimmen

Tim lernt schwimmen.

die Schwimm-
flügel

Tim trägt
Schwimmflügel.

schwitzen

Wir schwitzen, weil
es so heiß ist.

6
sechs

16
sechzehn

60
sechzig

der See
In diesem See darf man nicht baden.

der Seestern
Seesterne haben fünf Arme.

das Segel
Wenn der Wind in das Segel bläst, treibt er das Boot an.

sehen
Kannst du mich sehen?
Wer schlecht sehen kann, braucht eine Brille.

sehr
Ich freue mich sehr auf die Ferien. *(besonders)*

die Seife
Die Seife duftet nach Vanille.

das Seil
Das ist ein Seil zum Seilspringen.

seit
Ben spielt seit zwei Jahren Gitarre.

die Seite
Schlagt bitte Seite 10 auf! *(Buchseite)*
Ich gehe an der Seite meiner Freundin. *(neben)*

die Sekunde
Eine Sekunde ist ein kurzer Moment.

149

selbst

Die Blumen habe ich selbst gepflückt. *(ganz allein)*

selten

Meine Tante kommt selten zu Besuch. *(nicht oft)*

seltsam

Die Kräuter riechen seltsam. *(ungewöhnlich, auffällig)*

S

der September

Im September beginnt der Herbst.

der Sessel

Oma sitzt im Sessel.

setzen

Der Hund setzt sich vor die Tür.

Ich setze die Tasse auf das Tablett.

das Shampoo

Das Shampoo riecht nach Pfirsich.

sich

Papa und Onkel Albert streiten sich. *(miteinander)*

Mia hat sich ein Eis gekauft. *(sich selbst)*

sicher

An der Ampel kommt man sicher über die Straße. *(geschützt)*

Bist du sicher, dass der Weg richtig ist? *(überzeugt)*

die Sicht

Wenn es nebelig ist, haben wir schlechte Sicht.

7

sieben

17

siebzehn

70

siebzig

Silvester
Am 31. Dezember
feiern wir Silvester.

singen
Papa singt in
der Dusche.

sitzen
Das Baby sitzt auf
dem Kinderstuhl.

der Ski
Lisa kann nicht
gut Ski laufen.

die Skizze
Die Skizze ist
ein Entwurf.

S

das Snowboard
Die Snowboarderin
braucht ein Snowboard.

so
Ich habe so
viel gegessen.

die Socke
Da ist ein Loch
in meiner Socke!

das Sofa
Sam liegt schon wieder
auf dem Sofa!

der Sohn
Papa ist Opas Sohn.

der Soldat
Soldaten tragen
eine Uniform.

sollen
Wir sollen pünktlich am Zug sein.

der Sommer
Endlich ist es Sommer! Wir haben Ferien!

sonderbar
Der Sänger singt ganz sonderbar. Was ist das für eine Musik?

S

sondern
Ich möchte keine Milch trinken, sondern lieber Apfelsaft.

die Sonne
Guten Morgen! Die Sonne geht auf.

die Sonnenblume
Sonnenblumen sind groß und gelb.

die Sonnenbrille
Mama hat eine coole Sonnenbrille auf.

die Sonnencreme
Benutzt Carl die Sonnencreme?

der Sonnenhut
Mama trägt gerne Sonnenhüte.

der Sonnenschein
Bei Sonnenschein macht alles mehr Spaß.

sonnig
Wir hatten in den Ferien viele sonnige Tage.

der Sonntag
Sonntag ist ein freier Tag für viele Menschen.

sonst

Was hast du denn sonst noch bekommen? *(außerdem)*

sortieren

Wir sortieren die Wäsche vor dem Waschen.

die Spaghetti

Ich esse Spaghetti am liebsten mit Tomatensoße.

S

spannend

Das war ein spannendes Spiel! *(aufregend)*

sparen

Ich spare Geld für ein Computerspiel.

der Spaß

Tim hat viel Spaß im Wasser.

Spaß machen

Es macht Spaß, im Zelt zu schlafen.

spät

Entschuldigung. Ich bin ein bisschen zu spät. Wie spät ist es?

spazieren gehen

Lisa geht mit Sam spazieren.

der Spaziergang

Lisa macht einen Spaziergang mit Sam.

der Specht

Der Specht braucht einen starken Schnabel.

die Speise

Diese Speisen kommen aus Indien.

S

die Speisekarte
Gibt es auch Kinder-
gerichte auf der
Speisekarte?

der Spiegel
Der Spiegel hat
einen Sprung!

spiegeln
Du kannst dich in
der Pfütze spiegeln.

das Spiel
Das ist ein Spiel
für vier Spieler.

spielen
Die Katze spielt
gerne mit Wolle.
Ben spielt Basketball.
Mia spielt Flöte.
Das Baby spielt im Sand.

der Spieler,
die Spielerin
Ein Fußballteam
hat elf Spieler.

der Spielplatz
Das ist ein Spielplatz
für kleine Kinder.

die Spielsachen
Ich habe meine alten
Spielsachen in einer
großen Kiste.

der Spielzeug-
laden
Im Spielzeugladen
gibt es Teddybären.

die Spinne
Mama fürchtet
sich vor Spinnen.

das Spinnennetz
Die Spinne webt
ein Spinnennetz.

spitz
Der Bleistift muss
ganz spitz sein.

die Spitze

Auf der Spitze des Kirchturms ist ein Kreuz.

der Sport

Fußball ist ein großartiger Sport.

Sport ist mein Lieblingsfach.

das Sportgerät

Für manche Sportarten braucht man Sport-geräte.

S

der Sportplatz

Auf dem Sportplatz steht ein Fußballtor.

die Sprache

Welche Sprachen sprichst du?

sprechen

Kannst du bitte langsam sprechen?

springen

Tim springt in die Pfütze.

die Spritze

Ich habe eine Spritze gegen Keuchhusten bekommen.

spritzen

Wir spritzen uns mit dem Gartenschlauch nass.

der Spruch

Das ist ein cooler Spruch.

spuken

In alten Schlössern spuken die Geister.

das Spülmittel

Ich mache aus Spül-mittel Seifenblasen.

der Stab

Stäbe sind schmale Stöcke.

der Stachel

Der Igel hat spitze Stacheln.

die Stadt

In unserer Stadt gibt es einen Bahnhof.

S

der Stall

Die Kühe werden abends in den Stall gebracht.

der Stand

An dem Stand kann man Gemüse kaufen.

der Star

Die Stare fliegen im Herbst in den Süden.

Stars sind berühmte Leute.

stark

Wer stark ist, hat viel Kraft.

stärken

Nach dem Wettlauf stärken wir uns mit Obst.

der Staub

Der Staub ist so dick, dass man darin malen kann.

stehen

Der Torwart steht im Fußballtor.

Was steht da auf dem Schild?

Ich stehe auf Eis. *(mag es)*

steil

Die Kellertreppe ist steil.

der Stein

Der Stein hat ein Loch in der Mitte.

stellen

Papa stellt den
Topf auf den Herd.

Ich stelle jeden Abend
meinen Wecker.
(einstellen)

der Stempel

Der Brief braucht
einen Stempel.

stempeln

Der Postbote
stempelt den
Brief.

der Stern

Der hellste Stern
ist die Venus.

das Steuer

Mama sitzt am Steuer.

steuern

Das Boot steuert im
Hafen auf seinen
Liegeplatz zu.

der Stiefel

Plitsch, platsch! Ich mag
es, mit meinen Stiefeln
in Pfützen zu springen.

der Stiel

Beim Essen hält man
den Löffel am Stiel.

der Stift

Die Stifte sind
im Mäppchen.

still

Es ist so still hier.
Ist keiner da?

die Stimme

Lisa hat eine
schöne Stimme.

stimmen

Das stimmt!
(das ist richtig)

Der Musiker stimmt
sein Instrument.

S

die Stirn
Ich male mir einen Punkt auf die Stirn.

der Stock
Mein Uropa geht mit dem Stock spazieren.

Die Wohnung liegt im dritten Stock.
(Stockwerk)

der Stoff
Der seidige Stoff glänzt sehr schön.

S

stolpern
Ich bin über einen Stein gestolpert.

stoppen
Die Polizei stoppt das Auto.

der Storch
Der Storch hat rote Beine.

die Strafe
Wenn Diebe gefasst werden, bekommen sie eine Strafe.

der Strand
Am Strand stehen Palmen.

die Straße
Der Lkw parkt mitten auf der Straße.

der Strauch
Die Himbeeren wachsen an Sträuchern.

der Strauß
Ich habe einen Strauß Blumen gepflückt.

Strauße sind große Vögel, die nicht fliegen können.

die Strecke
Wir laufen die Strecke zweimal.

der Streit

Wenn zwei sich nicht einig sind, entsteht ein Streit.

streiten

Ich streite mich öfter mit meiner Schwester.

der Strich

Ein Strich ist eine gerade Linie.

der Strom

Papas elektrische Zahnbürste braucht Strom.

der Strumpf

Die Strümpfe hängen am Kamin.

die Strumpfhose

Diese Strumpfhose ist zu klein!

das Stück

Darf ich ein Stück Schokolade nehmen?

Wir teilen den Kuchen in zwölf Stücke.

die Stufe

Die Treppe hat zwölf Stufen.

der Stuhl

Setz dich nicht auf den Stuhl. Er ist kaputt!

stumpf

Stumpfe Messer schneiden nicht gut.

die Stunde

Eine Stunde hat 60 Minuten.

der Stundenplan

Das ist Bens Stundenplan.

159

der Sturm
Der Sturm biegt
die Bäume.

stürmisch
Es ist so stürmisch, dass
sich die Bäume biegen.

suchen
Opa sucht schon wieder
nach seiner Brille.

S

der Süden
Italien liegt im Süden.

Der Südpol
Pinguine leben
am Südpol.
Der Südpol liegt
in der Antarktis.

der Supermarkt
Vor dem Supermarkt
gibt es einen Parkplatz.

die Suppe
Die Suppe ist zu heiß!

das Surfbrett
Susies Surfbrett war
ein Geschenk von
ihrem Onkel.

surfen
Auf den Wellen zu
surfen macht großen
Spaß!

süß
Cola ist süß, weil sie
viel Zucker enthält.

die Süßigkeiten
Ich soll nicht so viele
Süßigkeiten essen.

die Synagoge
In der Synagoge
feiern die Juden
ihren Gottesdienst.

der Tablet-PC

Ein Tablet-PC hat einen Bildschirm, der auf Berührungen reagiert.

das Tablett

Ein Tablett ist ein Helfer im Haushalt.

die Tablette

Tabletten sind kleine Pillen.

T

die Tafel

Frau Elling steht neben der Tafel.

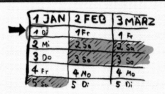

der Tag

Der 1. Januar ist der erste Tag im Jahr.
Ein Jahr hat 365 Tage.

das Tagebuch

Mein Tagebuch hat einen Schlüssel.

die Tageszeit

Morgen, Mittag, Nachmittag und Abend sind Tageszeiten.

täglich

Ich putze täglich zweimal meine Zähne.

tanken

Das Auto tankt Benzin.

die Tankstelle

Das schwarze Auto steht an der Tankstelle.

die Tanne

Die Tanne ist ein Nadelbaum.

die Tante

Tante Lilly ist Mamas Schwester.

tanzen
Wir tanzen gern
zu Popmusik.

die Tapete
Tapeten verkleiden
die Wände.

die Tasche
Hey! Der Dieb
klaut die Tasche!

die Tasse
Oma trinkt eine
Tasse Tee.

die Tastatur
Ich kann wirklich
schnell auf der
Tastatur schreiben.

die Taste
Du musst auf die
rote Taste drücken!

T

die Tatze
Raubtiere haben Tatzen.

die Taube
In den Städten gibt
es viele Tauben.

tauchen
Opa mag es, im
Meer zu tauchen.

die Taucherbrille
Opa taucht mit
der Taucherbrille.

das Taxi
Das Taxi wartet
am Bahnhof.

die Technik
Er hat eine gute
Technik beim Fußball.
(er beherrscht es)

Heute gibt es viel
mehr Technik als vor
100 Jahren. *(Mechanik)*

T

der Teddy
Der Teddy hat einen
Knopf im Ohr.

der Tee
Morgens trinke
ich gerne Tee.

der Teich
Im Teich quaken
die Frösche.

der Teil
Der Bikini besteht
aus zwei Teilen.

teilen
Wir teilen die
Schokolade in
drei Teile.

das Telefon
Das Telefon klingelt!

die Telefon-
nummer
Ich kann meine
Telefonnummer
auswendig.

der Teller
Auf dem Tisch
stehen vier Teller.

die Temperatur
Die Temperatur gibt
an, wie warm es ist.

das Tempo
Das Tempo ist die
Geschwindigkeit.
Wer ein hohes Tempo
fährt, ist schnell.

das Tennis
Lisa spielt gerne Tennis.

der Tennisball
Sam rennt immer mit
dem Tennisball weg.

der Tennis-schläger

Tennisspieler brauchen einen Tennisschläger.

der Teppich

Sam liegt auf dem Teppich.

der Test

Eine kleine Prüfung nennt man Test.

teuer

Der Rubinring ist sehr teuer.

der Text

Ein Text ist geschriebene Sprache.

das Theater

Im Theater geht der Vorhang auf.

T

das Thermometer

Das Thermometer zeigt die Temperatur an.

tief

Der Brunnen ist sehr tief.

die Tiefe

Was in die Tiefe geht, führt nach unten.

das Tier

Im Zoo sind viele, viele Tiere.

der Tierarzt, die Tierärztin

Der Tierarzt verbindet Sams Pfote.

die Tierhandlung

Das ist der Eingang einer Tierhandlung.

T

der Tiger
Der Tiger ist eine große gestreifte Katze.

der Tisch
Der Tisch hat nur drei Beine.

der Toast
Der Toast springt aus dem Toaster.

die Tochter
Mama ist Omas Tochter.

die Toilette
Wo finde ich die Toilette?

das Toiletten-papier
Das Baby spielt mit dem Toilettenpapier.

toll
Ihr habt alle wirklich gut gespielt! Das war toll!

die Tomate
Oma macht eine Suppe aus Tomaten.

der Ton
Hörst du den Ton?

die Tonleiter
Kannst du die Tonleiter spielen?

die Tonne
In der Tonne wird das Regenwasser gesammelt.

der Topf
Was ist da in dem Topf?

das Tor

Das Tor ist verschlossen. *(Hoftor)*

Wir haben drei Tore geschossen. *(Fußball, Handball)*

der Torwart

Der Torwart fängt den Ball.

tot

Mein Großvater ist schon lange tot. *(nicht mehr am Leben)*

tragen

Papa trägt die Einkaufstasche.

Ich trage jeden Tag ein anderes T-Shirt. *(anhaben)*

der Traktor

Der Bauer fährt mit dem Traktor auf das Feld.

die Träne

Wenn ich weine, laufen mir Tränen aus den Augen.

T

die Traube

Es gibt grüne und rote Trauben.

der Traum

Ich habe einen schönen Traum gehabt.

träumen

Ben träumt von neuen Turnschuhen.

traurig

Als unser alter Kater starb, war ich sehr traurig.

treffen

Wir treffen uns am Brunnen.

Henry trifft mitten ins Tor.

die Treppe

Die Treppe hat zwölf Stufen.

treu
Sam ist ein treuer
Hund. *(anhänglich)*

der Trick
Kannst du mir
den Trick verraten?

das Trikot
Das ist das Trikot von
unserer Mannschaft.

T

trinken
Kinder sollen viel
Wasser trinken.

trocken
Die Kleider sind trocken.

trocknen
Lisa trocknet die
Haare mit dem Föhn.

die Trommel
Tim schlägt
die Trommel.

die Trompete
Papa spielt Trompete.

trotzdem
Es regnet, aber
wir wollen trotzdem
draußen spielen.

Tschüs!
Tschüs! Bis morgen!

das T-Shirt
Mia liebt rosa T-Shirts.

die Tube
Ich drücke die Zahn-
pasta aus der Tube.

das Tuch
Das Tuch hat
blaue Tupfen.

die Tulpe
Tulpen sind
Frühlingsblumen.

tun
Wenn du das tust,
musst du gut auf-
passen. *(machen)*
Das tut gut! *(gefällt mir)*

der Tunnel
Die Autos fahren
durch den Tunnel.

die Tür
Herr Kaiser klingelt
an der Tür.

der Turm
Tim baut einen Turm.

T

turnen
Im Winter turnen
wir in der Turnhalle.

der Turner,
die Turnerin
Der Turner
turnt am Reck.

die Turnhalle
Wir machen in der
Turnhalle Sport.

tuschen
Mia tuscht mit
dem Pinsel.

der Tuschkasten
Ben braucht den
Tuschkasten im
Kunstunterricht.

die Tüte
Ich habe mir eine Tüte
Mandeln gekauft.

die U-Bahn
Die U-Bahn fährt
unter der Erde.

übel
Ich habe so viel
Schokolade gegessen.
Mir ist übel. *(schlecht)*

üben
Um gut Klavier zu
spielen, muss man
viel üben.

über
Pass auf! Da ist eine
Spinne über deinem
Kopf!
Tim läuft über die
Straße.

überall
Überall sind Mücken!

übereinander
Wir haben die Kissen
übereinander gestapelt.

überholen
Papa überholt
das Motorrad.

überlegen
Ich überlege, ob ich mir
das Comicheft kaufen
soll. *(denke darüber
nach)*

übermorgen
Wenn wir morgen
fleißig sind, dürfen wir
übermorgen ins Kino.

übernachten
Ben übernachtet
gern im Zelt.

überqueren
Tim überquert
die Straße.

überraschen
Mama hat mich mit
einem Eis überrascht.

171

die Überschrift
Die Überschrift ist fett gedruckt.

übrig
Wenn ich alle Chips esse, bleiben keine für Carl übrig.

Lasst ihr mir etwas von der Suppe übrig?

die Uhr
Die Uhr zeigt 6:30.

die Uhrzeit
Welche Uhrzeit haben wir? *(Wie spät ist es?)*

um
Ich soll um 13 Uhr zu Hause sein. *(gegen)*

Ich binde mir mein neues Armband um. *(um den Arm herum)*

umarmen
Mama umarmt Tim, weil sie ihn lieb hat.

U

umdrehen
Bei diesem Spiel darfst du dich nicht umdrehen.

Sieh nach vorn! Dreh dich nicht um!

umkehren
Wer in die falsche Richtung fährt, muss umkehren.

umkleiden
Die Mädchen kleiden sich nach der Schule um.

der Umkleideraum
Im Umkleideraum ziehen wir die Sportsachen an.

umtauschen
Wenn dir die Bluse nicht gefällt, kannst du sie umtauschen.

die Umwelt
Zur Umwelt gehört alles, was um uns herum lebt.

der Umzug
Wer in eine neue Wohnung zieht, muss einen Umzug machen.

der Unfall
Es hat an der Kreuzung einen Unfall gegeben.

unfreundlich
Wer unfreundlich ist, wird auch unfreundlich behandelt.

ungefähr
Ich brauche für die Rechenaufgaben ungefähr zehn Minuten. *(etwa)*

ungern
Ich komme ungern zu spät in die Schule.

ungesund
Zu viele Süßigkeiten sind ungesund.

U

unglücklich
Als ich Mama nicht finden konnte, war ich unglücklich.

unheimlich
Große dunkle Schatten sind mir unheimlich.

unordentlich
Mama schimpft, weil ich unordentlich bin.

die Unordnung
Was für eine Unordnung!

unser
Unser Hund heißt Sam.

der Unsinn
Kinder machen gerne mal Unsinn. *(Quatsch)*

unter
Die Katze liegt
unter dem Tisch.
Wir können uns unter
dem Dach verstecken.

die Unterhose
Die Unterhose
hat Streifen.

der Unterricht
Wenn es klingelt,
beginnt der Unterricht.

unterrichten
Frau Elling unterrichtet
Mathe und Deutsch.

die Unterrichts-stunde
In der ersten
Unterrichtsstunde
haben wir Deutsch.

unterschiedlich
Die Autos sehen
gleich aus, haben
aber unterschiedliche
Farben.

U

die Unterwäsche
Zur Unterwäsche
gehören eine Unterhose
und ein Unterhemd.

unterwegs
Wir machen unterwegs
ein Picknick.

das Unwetter
Bei dem Unwetter
sind einige Bäume
umgefallen.

der Urenkel
Der Urenkel ist der
Sohn des Enkels vom
Großvater.

die Urgroß-mutter, der Urgroßvater
Die Urgroßmutter ist die
Mutter vom Großvater.
Der Urgroßvater ist der
Vater vom Großvater.

der Urlaub
Im Urlaub fahren
wir ans Meer.

der Vampir

der Vampir
Ben geht als Vampir zum Fasching.

die Vase
Mama steckt die Blumen in die Vase.

der Vater
Opa ist Papas Vater.

verabreden
Nach der Schule verabreden wir uns zum Spielen.

der Verband
Die Krankenschwester macht einen Verband um das Bein.

verbessern
Ich habe mich in Mathe verbessert.

verbieten
Wenn wir zu viel Unsinn machen, verbietet Papa uns das Fernsehen.

verbrauchen
Wir haben zwei Pfund Tomaten verbraucht.

verbrennen
Das Papier verbrennt schnell.

vergehen
Seit den Ferien ist schon wieder viel Zeit vergangen.

vergessen
Hast du deine Hausaufgaben vergessen?

das Vergnügen
Wir gehen nur zum Vergnügen auf das Fest.

verheiratet
Tinis Eltern sind
nicht verheiratet.

verhext
Dieses Spiel ist wie
verhext. *(verzaubert,
ungewöhnlich)*

verirren
In dem großen
Kaufhaus habe
ich mich schon
mal verirrt.
(verlaufen)

verkaufen
Die Frau verkauft
Blumen.

der Verkäufer,
die Verkäuferin
Der Verkäufer zeigt
Tim einen Teddybär.

der Verkehr
Es gibt viel Verkehr
auf der Hauptstraße.

verkleiden
Tante Lilly verkleidet
sich als Hexe.

verletzen
Mama hat sich am
Knöchel verletzt.

die Verletzung
Die Verletzung ist
nicht so schlimm.

V

verlieben
Tante Lilly ist verliebt.

verlieren
Der Reifen verliert Luft.
Opa hat seine
Brille verloren.

verlosen
Die Karten für das
Theaterstück werden
verlost.

verpacken
Die empfindlichen Gläser müssen gut verpackt werden.

die Verpackung
Die Verpackung ist zerrissen.

verpassen
Schade, ich habe den Anfang des Films verpasst.

verrechnen
Ich habe mich verrechnet. Du bekommst noch ein wenig Geld zurück.

verrückt
Auf der Party haben wir wie verrückt getanzt. *(wild, lustig)*

der Vers
Ein Vers ist ein Teil von einem Gedicht.

verschieden
Zum Picknick gibt es verschiedene Speisen.

die Verschmutzung
Die Verschmutzung der Umwelt ist ein großes Problem.

verspäten
Der Zug verspätet sich um zehn Minuten.

versprechen
Ich habe Mama versprochen, dass ich pünktlich bin.

verstehen
Das Radio ist zu laut, ich verstehe kein Wort.

Ich verstehe die Geschichte nicht.

versuchen
Ich versuche, den Ball ins Netz zu werfen. *(bemühe mich)*

Der Kuchen ist lecker. Den musst du mal versuchen. *(probieren)*

vertreten
Wenn Herr Abraham krank ist, vertritt ihn Frau Elling.

viel
Kinder sollen viel Wasser trinken.

viele
Im Museum gibt es viele Bilder.

vielleicht
Ich werde vielleicht einmal Wissenschaftler.

4

vier

14

vierzehn

40

vierzig

der Vogel
Der Vogel füttert seine Jungen.

voll
Das Glas ist voll.

V

von
Ich habe einen Brief von meiner Freundin bekommen.

vor
Sam sitzt vor der Tür. Wir sind vor drei Tagen aus den Ferien gekommen.

voran
Die Schnecke kommt nur sehr langsam voran.

vorbei

Leider sind die Ferien vorbei. *(zu Ende)*
Der Zug ist gerade vorbeigefahren.

die Vorfahrt

Wer von rechts kommt, hat Vorfahrt.

der Vorhang

Der Vorhang geht auf.

vorher

Wir können gleich spielen, vorher muss ich aber Hausaufgaben machen.

vorlesen

Oma liest eine Geschichte vor.

der Vormittag

Am Vormittag gehen wir in die Schule.

vormittags

Mama arbeitet vormittags in einem Büro.

der Vorname

Der Vorname von Greta Müller ist Greta.

die Vorschule

Leo kommt bald in die Vorschule.

Vorsicht!

Vorsicht! Da kommt ein Auto!

vorsichtig

Opa geht vorsichtig die Treppe herunter.

die Vorstellung

Die Vorstellung ist zu Ende. Alle klatschen.

W

die Waage
Mit der Waage kann man sein Gewicht messen.

wach
Ich war heute schon um sechs Uhr wach.

wachsen
Tomaten wachsen an Sträuchern.

die Wade
Sportler haben kräftige Waden.

die Waffel
Zum Eis gibt es eine leckere Waffel.

der Wagen
Das Pferd zieht einen Wagen.

wahr
Wenn etwas wahr ist, dann ist es nicht gelogen.

während
Während Papa das Baby füttert, kann Mama in Ruhe essen.

die Wahrheit
Wer nicht lügt, sagt die Wahrheit.

der Wald
Im Wald gibt es Pilze.

die Wand
An der Wand hängt ein Poster von Tarzan.

wandern
Wir wandern in die Berge.

wann

Wann kommst
du nach Hause?

die Wanne

Babys werden in einer
kleinen Wanne gebadet.

warm

Am Kamin ist
es schön warm.

W

wärmen

Ich wärme mir die
Hände an der Heizung.

warten

Die Kinder warten
auf den Bus.

warum

Warum bist
du so traurig?

was

Was hast du gesagt?

das Waschbecken

Ich möchte meinen
Teddy im Waschbecken
waschen.

waschen

Lisa wäscht
sich die Haare.

**die Wasch-
maschine**

Die Waschmaschine
steht im Keller.

der Waschraum

Wo finde ich die
Waschräume?

das Wasser

Das Wasser ist zu
kalt zum Baden.

183

W

der Wasserhahn
Der Wasserhahn tropft!

die Watte
Die Watte ist
weich und leicht.

weben
Die Spinne webt
ein Spinnennetz.

wechseln
Die Kinder wechseln
ihre Kleidung.
Kannst du bitte
einen 50-Euro-Schein
wechseln?

wecken
Mama weckt mich.

der Wecker
Der Wecker klingelt.

der Weg
Der Weg führt auf
den Berg hinauf.

weg
Ich bin gleich
noch mal weg!

wegen
Wir mussten wegen des
Nebels ganz langsam
fahren.

wehtun
Aua. Das tut mir weh!

weich
Die Couch ist weich.

Weihnachten
Zu Weihnachten
kommen Oma
und Opa.

der Weihnachts-baum

Lisa schmückt den Weihnachtsbaum.

die Weihnachts-ferien

In den Weihnachtsferien bleiben wir zu Hause.

der Weihnachts-mann

Glaubst du an den Weihnachtsmann?

W

---

weil

Ich trage Handschuhe, weil es draußen kalt ist.

der Wein

Papa trinkt gerne ein Glas Wein zum Abendessen.

weinen

Tim weint, weil er hingefallen ist.

---

welche, welcher, welches

Welche ist deine Tasche?

Welches Kleid ist hübscher?

die Welt

Die Welt ist unsere Erde. Der Globus zeigt die ganze Welt.

das Weltall

Das Weltall ist unendlich.

---

wenig

Kann ich ein wenig Pudding haben?

Kleine Kinder essen wenig.

wenige

Es sind nur wenige Kinder gekommen. *(ein paar)*

wenn

Was willst du werden, wenn du groß bist?

wer
Wer hat Opas
Brille gesehen?

werden
Ich werde Pilot,
wenn ich groß bin.

werfen
Der Torwart
wirft den Ball.

die Wespe
Die Wespe sitzt auf
dem Marmeladenglas.

die Wette
Ich habe mit Papa eine
Wette abgeschlossen.

wetten
Wir wetten, wer
schneller laufen kann.

das Wetter
Das Wetter ist toll!

**der Wetter-
bericht**
Das habe ich im
Wetterbericht
gehört.

das Wettrennen
Die Autos machen
ein Wettrennen.

wichtig
Ein Doktor ist ein
wichtiger Mensch.

wie
Lisa ist so groß
wie Susie.
Ich weiß nicht,
wie er heißt.
Wie geht es dir?

wieder
Wollen wir wieder
Fußball spielen?
(noch einmal)
Ich komme morgen
wieder. *(zurück)*

W

wiederholen
Wir müssen das
Diktat wiederholen.

wiegen
Sam wiegt
24 Kilogramm.

die Wiese
Auf der Wiese
grasen die Kühe.

wild
Bären sind wilde Tiere.

die Wimper
Mama tuscht sich
die Wimpern.

der Wind
Der Wind bläst
in die Segel.

windig
Heute ist es
sehr windig.

winken
Oma winkt mit
dem Taschentuch.

der Winter
Im Winter
fahren wir Ski.

Das wird ein
kalter Winter.

wir
Wollen wir
zusammen spielen?

Wir sind aus Hamburg.

wirklich
Ich habe das Bild
wirklich selbst gemalt.

Bist du wirklich schon
zehn Jahre alt?

wissen
Ich weiß, wie
man das schreibt.

W

wo
Wo wohnt deine Oma?
Ich weiß, wo deine Oma
wohnt.

die Woche
Ein Jahr hat 52 Wochen.

das Wochenende
Am Wochenende fahren
wir in den Urlaub.

wofür
Wofür gebraucht
man diese Zange?

woher
Woher kennst
du deinen Freund?

wohin
Wohin fahren wir heute?

wohnen
Tante Lilly wohnt
im dritten Stock.

der Wohnort
In unserem Wohnort
gibt es ein Kino.

die Wohnung
Die Wohnung ist
zu vermieten.

das Wohnzimmer
Das Wohnzimmer
ist im Erdgeschoss.

der Wolf
Der Wolf ist
ein wildes Tier.

die Wolke
Die Wolken sehen
aus wie Schafe.

die Wolle
Die Katze spielt
mit der Wolle.

das Wort
Die schwierigen
Wörter finde ich
im Wörterbuch.

das Wörterbuch
Ben braucht in Englisch
ein Wörterbuch.

W

die Wunde
Mama hat ein Pflaster
auf die Wunde geklebt.

das Wunder
Im Märchen gibt
es Wunder.

der Wunsch
Die Prinzessin hat
drei Wünsche frei.

wünschen
Mein Bruder wünscht
sich ein Computerspiel
zum Geburtstag.
Wir wünschen euch
schöne Weihnachten.

der Wurm
Der Wurm lebt
in der Erde.

die Wurst
Papa schneidet
die Wurst.

das Würstchen
Sam träumt von einem
saftigen Würstchen.

die Wurzel
Die Wurzeln halten
den Baum am Leben.

wütend
Versteck dich!
Mama ist wütend.

die Zahl
Welche Zahlen kannst du auf dem Nummern-schild sehen?

zählen
Mein kleiner Bruder kann schon bis zehn zählen.

der Zahn
Tims Zahn wackelt.

der Zahnarzt, die Zahnärztin
Der Zahnarzt untersucht Mias Zähne.

die Zahnbürste
Ich habe eine rote Zahnbürste. Bens Zahnbürste ist grün.

die Zahnpasta
Ich drücke Zahnpasta auf die Zahnbürste.

die Zange
Mit der Zange kann man den Nagel greifen.

der Zauberer
Der Zauberer zaubert einen Hasen herbei.

zaubern
Man kann mit Münzen zaubern.

der Zauberstab
Der Zauberer hat einen Zauberstab.

der Zaun
Zwei Hühner sitzen auf dem Zaun.

das Zebra
Zebras haben schwarze und weiße Streifen.

10

der Zebrastreifen
Der Zebrastreifen ist ein sicherer Straßen-übergang.

der Zeh
Tim kann mit dem großen Zeh wackeln.

zehn

Z

zeichnen
Ben hat Lisa und Susie gezeichnet.

die Zeichnung
Alle Zeichnungen werden an die Wand gehängt.

zeigen
Papa zeigt mir, wie das Spiel funktioniert.

die Zeit
Ich habe viel Zeit zum Spielen.

die Zeitschrift
Das ist eine Zeitschrift für Kinder.

die Zeitung
Meine Eltern lesen jeden Morgen die Zeitung.

das Zelt
Das Zelt steht im Garten.

der Zentimeter
Das Lineal ist 30 Zentimeter lang.

zerbeißen
Sam hat den Ball zerbissen.

zerbrechlich
Dinge aus Glas
und Porzellan sind
zerbrechlich.

der Zettel
Auf dem Zettel steht,
was ich einkaufen soll.

das Zeugnis
Im ersten Zeugnis gibt
es noch keine Noten.

die Ziege
Ziegen geben Milch.

ziehen
Was passiert, wenn man
an der Schnur zieht?
Ich ziehe den Schlitten.

das Ziel
Wir sind endlich am Ziel.

die Zigarette
Zigaretten
sind ungesund.

das Zimmer
Das Haus hat
vier Zimmer.

der Zirkel
Mit dem Zirkel kann
man Kreise ziehen.

der Zirkus
Im Zirkus treten
Artisten auf.

die Zitrone
Zitronen schmecken
sauer.

der Zoo
Im Zoo gibt es einen
kleinen Elefanten.

der Zopf
Ich flechte mir
manchmal einen Zopf.

zu
Machst du bitte
die Tür zu!

der Zucker
In der Cola
ist viel Zucker.

Z

zu Ende
Die Vorstellung
ist zu Ende.

zuerst
Ich bin zuerst ein
bisschen ängstlich
gewesen. *(am Anfang)*
Paul war zuerst im Ziel.
(der erste)

zu Fuß
Ich gehe zu Fuß
zur Schule.

der Zug
Der Zug kommt
am Bahnhof an.

zu Hause
Ich habe zu Hause
viele Bücher.

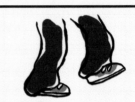

das Zuhause
Menschen, die kein
Zuhause haben, sind
arm.

die Zukunft
Die Zukunft ist das,
was vor uns liegt.

zuletzt
Ich habe zuletzt keine
Lust mehr gehabt.
(am Ende)
Peter ist zuletzt
gekommen. *(als Letzter)*

zum
Dienstags gehen
wir immer zum
Schwimmen.

zumachen

Es ist kühl. Du solltest deine Jacke zumachen.

die Zunge

Mia streckt die Zunge raus.

zur

Ich gehe jetzt schon seit drei Jahren zur Schule.

zurück

Wir waren erst spät wieder zurück.

zusammen

Ich bin gerne mit meiner Freundin zusammen.

der Zuschauer

Es sind viele Zuschauer zu unserer Aufführung gekommen.

Z

20

zwanzig

2

zwei

die Zwiebel

Papa schneidet nicht gerne Zwiebeln.

der Zwilling

Die Zwillinge sehen gleich aus.

zwischen

Sam sitzt zwischen Mia und Ben.

12

zwölf

 die Mama

 der Papa

 die Oma

 der Opa

 das Baby

 die Familie

 die Tante

 der Onkel

 der Freund

 die Freundin

 der Bruder

 die Schwester

der Cousin

die Cousine

 der Hund

 die Katze

197

die Sonne

der Wecker

die Schulglocke

das Schulheft

das Buch

das Mittagessen

die CD

der Mond

das Müsli

die Milch

schlafen

aufwachen

 das Plakat

 der Springbrunnen

 das schwarze Auto

 das rote Auto

 das rote Kreuz

 der Bus

 das Taxi

 das Café

 die drei Sterne

 die Rutsche

 die alte Frau

 der Zug

 das Restaurant

 die Mumie

 der Hubschrauber

 der Briefkasten

graben

tragen

schlafen

quacken

weben

trinken

springen

fliegen

die Spinne

die Biene

der Maulwurf

der Frosch

die Ameise

das Reh

die Ente

die Eule

203

Das verrückte Haus

das Klo	das Kinderbett
der Herd	der Kleider-schrank
der Kühlschrank	der Computer
das Dach	die Hundehütte
das Arbeits-zimmer	das Kinder-zimmer
das Schlafzimmer	das Wohnzimmer
die Küche	der Keller
die Wasch-maschine	die Badewanne

 Wir machen Musik

die Trompete

das Klavier

die Geige

die Blockflöte

die Mund-
harmonika

das Saxofon

die E-Gitarre

die Trommel

der Triangel

das Tamburin

208

Bens Stundenplan

die Landkarte

die Gitarre

der Computer

der Tuschkasten

der Taschen-
rechner

das Mikroskop

die Badehose

das Lehrbuch

der Ball

das Wörterbuch

 der Teddybär

 das Brot

 die Schuhe

 der Po

 das Buch

 das Eis

 die Jeans

 die Pfütze

 das Hunde-spielzeug

 die Tierhandlung

 das Schuhgeschäft

 der Buchladen

 der Spielzeug-laden

 die Bäckerei

 das Modegeschäft

 die Eisdiele

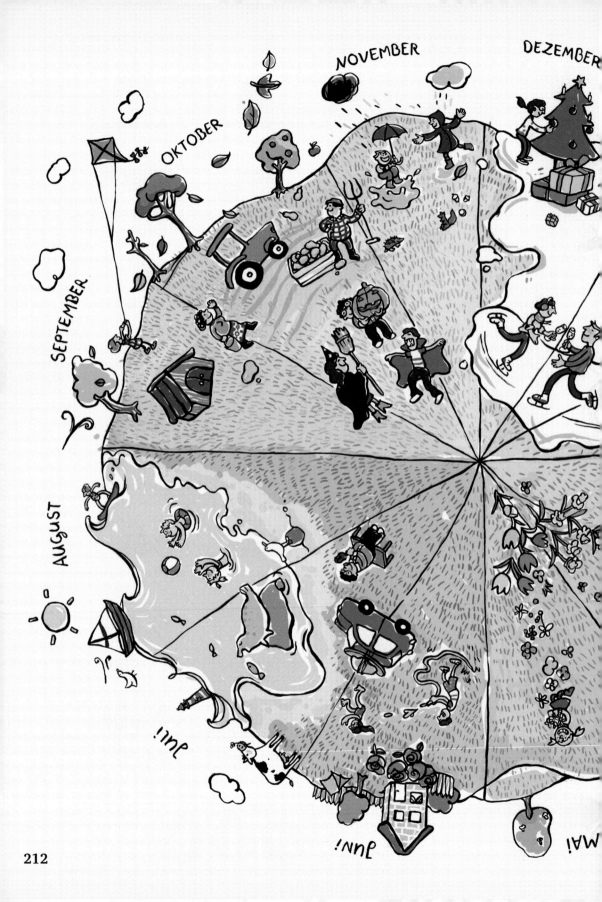

JANUAR

FEBRUAR

MÄRZ

APRIL

die Ostereier

das Schaf

das Lamm

das Surfbrett

die Sonne

die Möwe

der Traktor

der Baum

die Blätter

der Schneemann

der Schlitten

der Weihnachts-
baum

der Drachen

die Blumen

die Rosen

Halloween

 der Bleistift

 die Schere

 die Landkarte

 der Wasserhahn

 die Tafel

 das Lineal

 das Fenster

 der Computer

 der Radiergummi

 die Lehrerin

 der Stuhl

 das Wörterbuch

 der Finger

 die Kreide

der Tisch

der Schmetterling

215

 der Apfel

 die Orange

 die Birne

 die Kirsche

 die Erdbeere

 die Weintrauben

 die Banane

 die Gurke

 die Kartoffel

 der Blumenkohl

 die Karotte

 die Tomate

 die Melone

 die Paprika

der Hockey-
schläger

die Handschuhe

das Reck

der Fußball

das Skateboard

der Tennisschläger

der Federball

der Basketball

das Pferd

220

groß

klein

dick

dünn

schnell

langsam

heiß

kalt

voll

leer

neu

alt

hart

weich

billig

teuer

die Sonnenbrille

die Schwimm-
flügel

das Surfbrett

die Muschel

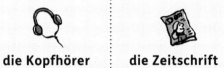
die Kopfhörer

die Zeitschrift

die Taucherbrille

der Fotoapparat

schwimmen
lernen

krabbeln

tauchen

lesen

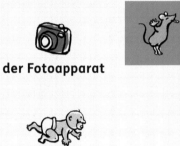
beobachten

fotografieren

springen

surfen

das Gesicht

die Haare

der Rücken

das Bein

das Knie

der Fuß

die Füße

der Arm

die Hand

das Auge

die Nase

der Mund

die Lippen

das Ohr

 der Kinderwagen

 die Polizistin

 das Polizeiauto

 die Fahrrad-fahrerin

 das Porte-monnaie

 die Handtasche

 der Dieb

 die Ampel

 der Bürgersteig

 der Zebra-streifen

 der Lastwagen

 das Taxi

 das Fahrrad

 das Motorrad

Nordpol

Europa

Nordamerika

Afrika

Südamerika

Südpol

228

 der Eisbär

 das Kamel

 das Krokodil

 der Hai

das Zebra

 das Flusspferd

 der Pandabär

der Elefant

 der Löwe

 der Papagei

 das Känguru

 der Pinguin

das Büffel

 das Lama

 der Affe

 die Schildkröte

229

Die besten Freunde

ins Kino gehen

inlineskaten

schwimmen

Fußball spielen

Karten spielen

zelten

tuscheln

Basketball spielen

Computer spielen

Picknick im Park

 das Hühnchen

 das Würstchen

 das Baguette

 die Schlagsahne

 der Käse

 der Apfelsaft

 die Melone

 der Schokoladen-pudding

 das Steak

 die Erdbeere

 der Joghurt

 das belegte Brot

 der Orangensaft

 der Kuchen

Das kann man auch anders sagen

Viele Begriffe, die wir benutzen, sind Wörter aus der Umgangssprache. So nennt man die Sprache, die wir im Alltag oder unter Freunden benutzen. Manche dieser Begriffe sind unhöflich. Sie können einen Menschen verletzen oder stören. Das sollte man immer versuchen zu vermeiden. Viele umgangssprachliche Begriffe sind aber auch super. Hier findest du eine Liste mit Wörtern, die man auch anders sagen kann.

ätzend
langweilig, uninteressant

Arsch
Hintern, Hinterteil

astrein
gut, fabelhaft, genial, sehr schön

bescheuert
ärgerlich, unerfreulich

brutal
herzlos, rücksichtslos, gewaltsam

blöd
dumm, albern, ungeschickt, beschränkt

checken
etwas verstehen, überprüfen, klären

cool
gelassen, lässig, ruhig, beherrscht

doof
langweilig, uninteressant

fies
gemein, nicht nett, unfreundlich

geil
fantastisch, großartig, unglaublich, toll

kaputt
beschädigt, defekt, unbrauchbar, zerstört

kaputt machen
beschädigen, zerbrechen, zerdrücken

das Klo
die Toilette, das WC

krass
besonders, extrem

irre
besonders, einmalig

mickrig
klein, winzig, zierlich

mosern/motzen
schimpfen, nörgeln, kritisieren, unzufrieden sein

nervig
anstrengend, belastend

öde
langweilig, uninteressant

okay
einverstanden, abgemacht, in Ordnung, alles bestens

stark
gut, toll

super
unglaublich, toll, wunderbar

tierisch
sehr gut, besonders

total
völlig, absolut, vollständig

zickig
eigensinnig, launisch, aufsässig

IMPRESSUM

Konzept Gila Hoppenstedt

Text Gila Hoppenstedt,
Karen Richardson

Spiele Gila Hoppenstedt und
Langenscheidt Redaktion

Illustrationen Ina Worms

Sprachaufnahmen
dbmedia.de, Neuwied
Sprecher Erwin Lindemann

Corporate Design Umschlag
KW 43 BRANDDESIGN, Düsseldorf

Lizenz BOOKii
Tessloff Verlag, Ragnar Tessloff
GmbH & Co. KG, Nürnberg

Satz und Repro
Franzis Print & Media, München

Druck
COULEURS Print & More GmbH, Köln

© 2019 by Langenscheidt
GmbH & Co. KG, München

ISBN 978-3-468-20613-9

www.langenscheidt.com

19010